코칭심리 워크북

이희경 저

학지사

머리말

이 책은 코칭을 알고 싶은 사람, 코칭을 더 잘하고 싶은 사람, 그리고 코칭을 의심하는 사람들을 위해 쓰였다. 코칭을 알고 싶은 사람들은 이 책에서 연구에 기반을 둔 코칭의 원리들을 이해하게 될 것이고, 코칭을 더 잘하고 싶은 사람들은 이 책에서 변화에 대한 총체적인 시각을 학습하고 현장에서 활용할 수 있는 효과적인 기법을 익힐 수 있을 것이다. 그리고 코칭을 의심하는 사람들은 이 책을 통해 코칭이 검증된 과학이라는 것을 알게 될 것이다.

이 책은 심리학의 이론과 원리에 기반을 두어 코칭의 현장에 적용할 수 있는 방법론을 소개하기 위한 것으로서 3부 10개 장으로 구성되어 있다. '제1부 코칭심리 시작하기'는 코칭과 심리학의 연관성을 살펴보고, 코칭심리학이라는 새로운 영역의 정체성과 현주소를 소개하였으며, 심리학기반 코치의 관점과 기본 역량을 연습할 수 있는 내용을 다루었다. 독자들은 과학적인 개입방법으로서의 코칭인 '근거기반 코칭'을 이해하고, 제시되어 있는 사례들을 통하여 심리학기반 코치로서의 관점과 역량을 갖출 수 있을 것이다. 제1부는 심리학의 각 분야에서 이루어진 연구에 관한 정보를 나누고 토론을 거듭해 필자로 하여금 무엇이 코칭심리학의 영역이고 무엇이 그렇지 않은지에 대한 이론적인 근거를 갖출 수 있도록 이끌어 준 코칭심리학계 동료들의 도움으로 완성되었다. 그들께 감사드린다. '제2부 변화과정으로서의 코칭'에서는 다회코칭 진행의 토대가 되는 인간의 변화과정에 대한 이론을 소개하고 이를 코칭에 접목시킬 수 있는 한 방법으로 '코칭의 변화이론'을 제안하였다. 그리고 변화의 단계에 따른 코칭세션의 진행방법을 구체적으로 밝혔다. 특히 세션의 진행을 촉진할 수 있는 각종 워크시트들을 포함해 독자들로 하여금 코칭 장면에 직접 활용할 수 있도록 하였다. 필자는 광운대학교 교육대학원에서 6년 동안 코칭을 강의하였다. 코칭심리에 대한 배움의 열기가 뜨거운 그곳에서 코칭에 대한 갖가지 의문을 가진 학생들과의 상호작용을 통하여 제2부의 구성에 대한 아이디어를 얻었다. 또한 필자에게 코칭을 받았던 고객들의 기여도 꼭 언급하고 싶다. 어떤 워크시트를 사용했을 때 고객(피코치)의 생각을 촉진할 수 있었는지는 고객들이 필자에게 알려 준 것이다. 제2부를 통하여 독자들은 그간의 출판물들을 통해서는 접할 수 없었던 보다 실제적인 코칭 기법들을 배울 수 있을 것이다. 제3부에서는 코칭을 프로젝트로 도입하는 조직의 욕구를 충족시킬 수 있는 방법을 소개하였다. 프로젝트로서의 코칭은 한 편의 연극과도 같다. 공연이 성공하기 위해서는 배우(코치)도 연기(코칭)를 잘 해야 하지만 조명, 연출, 감독 등 수많은 스태프가 제 역할을 다 해야만 한다. 하지만 지금까지의 출판물들은 코치들을 위한 것이 대부분이고 코칭 프로젝트의 스태프들을 위한 정보는 찾아보기 어려운 실정이었다. 제3부는 코칭 그 자체보다는 코칭을 프로젝트로 진행하는 경우에 필요한 지식과 방법을 담고 있다. 지난 13년간 비즈니스 코칭을 주로 해온 필자의 경험을 바탕으로 비즈니스 코칭의 진행을 생생히 묘사하려고 노력하였다. 제3부의 구성에 결정적인 도움을 준 이들은 동료 비즈니스 코치들과 필자를 코치로 '고용' 했던 조직의 담당자들이다. 조직의 담당자들은 끊임없는 요구로 비즈니스 코칭의 발전에 기여한 이들이다.

제2부와 제3부에 소개되어 있는 워크시트들은 본문에 설명된 내용을 코칭 장면에서 어떤 언어로, 어떤 흐름으로 적용할 수 있는지를 구체적으로 보여 준

다. 독자들이 자신이 진행하는 코칭의 특성에 따라 적합한 워크시트를 선택하고 수정하여 활용할 수 있다.

언젠가 코칭의 '모든 것'을 담은 책을 쓰리라는 원대한 꿈을 가지고 있던 필자가 부끄러움을 무릅쓰고 이 작은 내용을 세상에 내놓게 된 데는 하나의 계기가 있었다. 작년 3월 초, 모 대학 석사과정에 있는 한 학생이 내게 문자를 보내왔다. 개강을 하고 코칭수업을 듣는데 첫 번째 필독서가 필자의 졸저 『코칭입문』이라는 내용이었다. 이 책은 9년 전에 출간된 책이다. 그동안 한 번도 개정하지 않았는데 아직도 그 책을 보는 독자가 있다는 것을 알고 나니 마음이 편하지 않았다. 코칭은 급격히 성장하는 분야이고 지금은 9년 전에 비해 많은 발전을 하였다. 그런데도 코칭을 배우는 학생들이 아직도 그렇게 오래된 책을 볼 수밖에 없다는 것이 심히 부끄럽게 느껴졌다. 그래서 필자는 '코칭에 관한 모든 것을 담은 책'에 대한 꿈은 잠시 접고 그간의 경험과 통찰들을 하루속히 나누어야만 한다는 조급한 생각을 가지게 되었다. 이 책에서 발견되는 부족한 점들은 순전히 필자의 짧은 지식과 급한 마음에서 비롯된 것이다. 모쪼록 많은 독자가 그 부족함들을 발견해 내고 필자에게 건설적인 도전을 함으로써 코칭에 대한 우리들의 배움이 깊어지기를 바란다.

마지막으로 이 책이 완성될 수 있도록 필자를 재촉하고 궂은일들을 모두 맡아 준 김미선 선생님, 촉박한 일정에도 묵묵히 편집작업을 진행해 준 학지사의 이지혜 부장님, 그리고 이 책이 세상에 나올 수 있도록 모든 지원을 해 주신 학지사의 김진환 사장님께 감사의 마음을 전한다.

2014년 2월

이희경

차 례

제2부
변화과정으로서의 코칭

제3부
코칭 프로젝트의 진행

Box / Tool 차례

COACHING PSYCHOLOGY WORKBOOK

제1부

코칭심리 시작하기

제1장

코칭과 코칭심리학

코칭심리학은 상담과 임상의 모델을 넘어서는
고유의 모델을 제안함으로써
심리학적 시대정신(Psychological Zeitgeist)이 될 것이다
(Palmer & Whybrow, 2008a).

이 장의 목표

1. 코칭의 특성을 알고 이를 설명할 수 있다.
2. 근거기반 코칭의 의미를 이해할 수 있다.
3. 코칭심리학의 역할을 기술할 수 있다.
4. 심리학이 코칭에 어떤 도움을 줄 수 있는지를 알 수 있다.

코칭은 20세기 말에 구체화되기 시작하여 21세기에 들어 급속히 확장되고 있는 현상이다. 인간의 성장에 관한 새로운 시각에 기반을 두고 있는 코칭은 코치와 피코치의 매우 독특한 상호작용을 통하여 피코치의 성장을 이루어 내는 방법론이다. '코칭'이라는 현상은 이제 우리의 일과 삶 속에서 활용 가능한 하나의 성장 혹은 문제해결의 방법론으로 자리 잡고 있으며 이에 대한 연구들도 제법 진행되고 있다.

어떤 분야에서든지 새로운 영역이 탄생하면 초기 단계에서는 그 영역에 대한 정의를 내리는 것이 중요한 이슈로 부각되며, 동시에 무엇이 이 새로운 영역에 포함되고 무엇이 포함되지 않는지에 대해 논의한다(Passmore & Fillery-Trevis, 2011). 코칭이나 코칭심리학도 마찬가지다. 30년 정도의 역사를 가진 코칭은 현장에서의 활용은 꾸준히 진화되고 있지만 여전히 그 본질에 관한 논쟁이 계속되고 있다. 한편, 새로운 세기와 함께 세상에 모습을 드러낸 코칭심리학은 이제 그 정의에 관한 논의는 끝난 것으로 보이고 어디까지가 코칭심리학의 영역인지에 관해서는 여전히 다양한 의견이 제시되고 있다.

이 장에서는 먼저 '코칭'의 기본 개념을 간단히 소개하고, 코칭심리학과 코칭이 어떻게 연결되며, 어떤 관계가 있는지 알아보겠다.

1. 코칭의 특성

코칭에 대한 설명은 다양한 방법으로 시도되어 왔다. 정의 또한 다양한데, 이희경(2005: 17)은 주목할 만한 코칭의 정의들을 다음과 같이 정리하였다.

"코칭은 개인적/대인관계상의 효율성을 높이기 위하여 알고 있는 무언가를 용기 있게 실천하도록 도와주는 일이다(T. G. 크레인, 2002)."

"코칭은 한 개인이나 그룹을 현재 있는 지점에서 그들이 바라는 더 유능하고 만족스러운 지점까지 나아가도록 인도하는 기술이자 행위다(게리 콜린스, 2004)."

"새로운 리딩모델을 찾는 시대적 요청에 부응하는 특별한 기본 자세와 테크닉이다(엘리자베스 하버라이트너 외, 2002)."

"코칭은 개인의 자아실현을 서포트하는 시스템이다(에노모노 히데다케, 2003)."

"코칭은 상대방의 자발적 행동을 촉진하는 커뮤니케이션 기술이다(스스키 요시유키, 2003)."

"코칭은 스스로 보고 배울 수 있도록 돕고 참여를 통하여 성과를 높이도록 하는 것이다(마샬 쿡, 2003)."

한편, 『The Inner Game of Work』[1] 이라는 저서를 통해 많은 코치에게 영감을 불러일으킨 Timothy Gallwey[2] 는 코칭을 다음과 같이 정의하였다.

① 이 책은 2006년 『이너게임』이라는 제목으로 국내에서 출간되었다.

② Gallwey는 테니스 코치로 활동하면서 발견한 학습과 코칭의 새로운 방법을 『The Inner Game of Tennis』(1974)에서 발표하였다. 이 책이 베스트셀러가 되면서 Gallwey는 이후 『The Inner Game

"코칭은 성과를 최대화하기 위하여 개인의 잠재력을 발휘하도록 하는 것이다. 학습자[3]를 직접 가르치기보다는 학습자 스스로 배울 수 있도록 돕는 것이다(Gallwey, 2000)."

Gallwey의 정의에서는 두 단어에 주의를 기울여야 하는데, 바로 '잠재력' 과 '스스로' 라는 단어다. 코칭에 관해 많은 정의가 있지만, 이 두 단어만큼 코칭의 본질을 명확하게 보여주지는 못하는 것 같다. '잠재력' 은 20세기 중반의 인본주의자들에 의해 부각되었지만 20세기 후반의 인지주의와 과학의 발달에 묻혀 대중에게는 오랫동안 잊힌 개념이다. Abraham Maslow와 Carl Rogers로 대표되는 인본주의 심리학자들은 인간의 자유의지(free will)와 자아실현 경향성을 강조하였다. 코치가 피코치의 '잠재력을 발휘하도록 돕는 것'의 핵심은 Gallwey의 표현대로 '나(코치)는 당신(피코치)보다 더 당신을 믿는다' 라는 코치의 태도와 깊은 연관이 있다. 또한 '스스로' 라는 표현은 피코치가 자신의 성장을 위한 선택의 상황에서 주체가 된다는 의미다. 코칭에서는 코치가 피코치에게 해야 할 것이 무엇이고, 하지 말아야 할 것이 무엇인지를 가르치지 않는다. 다음은 Gallwey가 '가르치지 않는 코칭' 에 대해 진술한 것이다.

"학습이 이루어지는 것은 전적으로 학생의 선택에 달려 있기 때문에 나는 코치로서 학생이 올바른 선택을 할 수 있도록 외적인 교육환경을 조성해 주었

of Golf』(1981), 『The Inner Game of Music』(1986), 『The Inner Game of Work』(2000) 등을 통해 이너게임 원리를 다양한 분야에 적용한 사례를 보여주었다. 특히 2000년에 출판된 『The Inner Game of Work』는 이너게임의 원리를 교육 및 경영의 영역에 적용할 수 있는 지침을 제시하며 현재와 같은 형태의 코칭의 원리를 가장 세밀하게 다루고 있다.

③ '학습'은 영어 studying이 아닌 learning의 번역이다. 우리말에서는 이 두 단어가 모두 '학습' 으로 번역되어 때로 혼돈을 일으키기도 한다.

다. 나는 학생에게 무엇을 향상시키고 싶은지, 왜 그것을 선택했는지 물었다. 또 나는 학생이 가고 싶어 하는 곳을 잘 알고 있어야 했고, 그가 그곳에 갈 수 있도록 도와주어야 했다. (중략) 내 역할은 당장의 목표를 분명히 하는 데 그치지 않았다. 목표설정의 목적과 동기를 표면으로 끌어내어 목표달성으로 이어질 수 있도록 유도하는 것도 내가 코치로서 해야 할 일이었다. 이는 목표를 자신이 선택했다는 것, 그리고 그 선택의 배경을 기억하도록 하는 것으로 자연적 학습의 매우 중요한 과정이다. 학생은 자신이 스스로 학습을 통제하고 있다고 느낄 때 그 학습에 대해 책임감을 가지며 설정한 목표를 달성하기 위해서 많은 노력을 하게 된다." (최명돈, 2006: 43-44)

하지만 가르치지 않는다고 해서 공감과 질문만을 하는 것이 코치의 역할은 아니다. 피코치 '스스로' 배우고 선택할 수 있도록 만들어 주는 코칭은 강의식 접근법에서 촉진적 접근법까지 광범위한 스펙트럼을 가지고 있다(Law, Ireland, & Hussain, 2007). 강의식 접근법은 '스스로' 라는 코칭의 기본 개념과 모순되는 것처럼 느껴질 수 있는데, 코칭에서 활용되는 강의식 접근법은 '이러한 결정이 당신에게 옳다' 혹은 '당신은 이렇게 해야 한다' 라는 내용을 강의한다는 의미는 아니다. 피코치가 스스로 배우고 결정하기 위해 필요한 정보를 코치가 제공한다는 의미로 Gallwey식 표현에 따르면 '올바른 선택을 하기 위한 외적인 교육 환경 조성'의 일부다.[4] 같은 맥락에서 Moore와 Tschannen-Moran(2010)은 코칭의 특성에 대해 다음과 같이 진술하였다.

"코칭은 피코치의 문제해결 방법을 조언하는 것이 아니며 그가 무엇을 해

④ 이에 대해서는 제2장 4절 '전문적 안내' 에서 좀 더 자세히 살펴보기로 하겠다.

야만 하는지 가르치는 것도 아니고 피코치가 가진 문제의 원인을 분석하는 것도 아니다. 경우에 따라 코칭에서 조언, 교육, 분석이 부분적으로 사용될 수는 있으나 이것들이 코칭의 첫 번째 목적이 되거나 주요 접근법으로 활용되어서는 안 된다." (Moore & Tschannen-Moran, 2010: 3)

2. '코치'의 어원(語原)

중세의 마차

어원 사전을 찾아보면 '코치(coach)'라는 단어는 중세 헝가리의 콕스(Korcs) 지방에서 개발된 마차에서 유래되었다고 한다. 마차는 이를 이용하는 사람이 현재 있는 곳에서 목적지까지 이동하는 데 사용되는 수단이다. 현재의 택시가 마차의 기능을 한다고 볼 수 있으며, 택시의 특성을 살펴보면 코치의 역할을 이해하는 데 도움이 된다. 택시는 (기차와는 달리) 타고자 하는 사람이 타고 싶은 장소에서, 타고 싶은 시간에 탈 수 있다. 택시를 타면 기사는 목적지를 묻는다. 그리고 혹시 자주 다니는 길이 있는지, 어떤 길로 가고 싶은지 묻는다. 혹은 지금 어떤 길로 가면 막히니 조금 돌아서 가더라도 막히지 않는 길을 택해도 되는지 물을 수도 있다. 노련한 기사일수록, 손님을 존중하는 기사일수록 이런 질문을 많이 한다. 손님은 경유지를 지정할 수도 있고, 목적지를 향해 가다가 길이 막힌다든지 공사현장을 만나면 경로를 바꿀 수도 있으며, 중간에 마음이 변하면 목적지까지 바꿀 수도 있다. 이에 비해 기차를 이용하는 사람은 예정된 운행 시간표에 맞추어 역으로 나가야 한다. 목적지 역에 내려도 또 다른 운송수단을 이용하여 이동해야만 최종 목적지에 도달할 수 있는 경우가 일반적이다. 기차의 노선은 중간에 변경되지 않으며 중간에 사고가 있다 해도 다른 길로 가기 어렵다. 두 운송수단의 이러한 특성은 코칭과 트레이닝의 차이를 구체적으로 보여준다. 누군가의 코치가 된다는 것은 현대의 택시, 그리고 중세의 마차처럼 피코치가 있는 곳에서 출발하여 그가 원하는 목적지(목표)까지의 이동을 도와주는 역할을 하는 것이고, 이동경로(변화방법) 또한 피코치가 정하도록 해야 하며 경우에 따라서는 경로뿐 아니라 목적지까지 피코치의 바람대로 변경될 수 있다. Box 1-1은 코칭에 대한 이해를 돕기 위하여 마차와 기차의 특성을 비교하여 요약한 것이다.

Box 1-1 마차와 기차의 특성 비교

	마차 Coach	기차 Train
출발점 및 도착점	고객이 정함	미리 정해져 있음
시간	고객이 정함	미리 정해져 있음
경로	고객의 의견을 고려하여 정함	미리 정해져 있음
목적지나 경로 변경	가능	불가능
단어의 의미변화	코칭	트레이닝

스포츠 코치

1880년대에 이르러서 코치는 스포츠 영역에서 선수를 지도하는 사람을 칭하는 용어로 사용되기 시작했고, 이는 코치라는 단어가 대중에게 널리 알려지는 계기가 되었다. 스포츠 코치는 선수에게 어떤 강점이 있는지를 발견하여 이를 경기력으로 발휘할 수 있도록 돕는다. 개별 선수에게 가장 알맞은 연습 프로그램을 개발하고 경기력 향상을 위한 피드백을 한다.

한편, 스포츠 코치의 예에서 우리는 하나의 교훈을 발견할 수 있다. 선수 생활 중에 뛰어난 경기력을 보였던 스타플레이어가 코치가 되었을 때 그가 반드시 우수한 코치가 되는 것은 아니며, 그리고 최고의 선수와 팀을 만든 코치가 반드시 스타플레이어 출신은 아니라는 점이다. 우수한 선수가 코치로서는 실패하는 원인은 여러 가지가 있을 수 있겠지만 아마도 자신에게 적합했던 방법만을 고집하거나, 선수 개개인의 신체적 특성을 고려하지 않거나, 달라진 경기환경에 적절하게 적응하지 못하는 것 등이 주요 원인이 될 것이다. 이러한 현상들을 종합해 보면 경기력과 코칭력은 다른 종류의 역량이라고 결론지을 수 있고, '선수' 출신으로 코치가 되고자 하는 사람들에게 의미있는 메시지가 된다.

Leonard의 공헌

1980년대 초반에 재무컨설턴트였던 Thomas Leonard는 많은 고객이 자신과의 대화 속에서 스스로 '답'을 찾아내는 것을 발견하고 (자신은 단지 주의 깊은 경청과 몇몇 질문을 던졌을 뿐인데) 이러한 상호작용을 '코칭'이라는 용어로 부르기 시작하였다(Leonard, 1998). Leonard는 1992년에 코치양성 기관인 Coach University를, 1994년에는 세계 최대의 코치 커뮤니티인 International Coach Federation을 설립하여 개인 코칭과 비즈니스 코칭의 발전에 기여하였다.

이렇게 시작된 코칭, 즉 코치와의 대화를 통해 피코치에게 가장 적합한 방법을 발견하도록 이끄는 코칭은 이제 그 영역이 급속도로 확장되어 2013년 12월 현재 wikipedia에서는 14가지 코칭 영역을 언급하고 있다: Life coaching, ADHD coaching, Business coaching, Executive coaching, Career coaching, Financial coaching, Personal coaching, Systematic coaching, Health coaching, Sports coaching, Dating coaching, Conflict coaching, Victimization coaching, Christian coaching.

3. 코칭과 인접 영역

학습(learning) 혹은 변화를 목적으로 하는 코칭의 인접 영역들과의 차이점을 알아보면 코칭의 의미가 좀 더 명확해진다. 여기에서는 집체교육, 컨설팅, 멘토링과 코칭을 비교해 보고자 한다.[5]

가장 일반적인 학습 방법론은 집체교육이다. 이는 다양한 욕구가 복합된 다수의 사람에게 동시에 시행된다. 고정된 지식을 전달하려는 목적을 가진 경우가 대부분이고 학습자는 전문가의 기술과 지식을 받아들여 일부분을 활용한다. 일방향 커뮤니케이션을 주 방법론으로 사용하므로 교육생들은 수동적인 청취자의 역할을 한다.

컨설팅은 당면문제의 시급한 해결을 원하는 사람이나 조직을 대상으로 컨설턴트가 그의 전문성에 비추어 가장 적절하다고 생각되는 조언과 답을 제시하는 방법이다. 컨설턴트의 전문성에 따라 결과의 질이 크게 좌우된다.

멘토링은 인생이나 업무의 선배가 덜 숙련되고 경험이 부족한 후배에게 특정한 역량을 키워 주기 위해 시행한다. 멘토가 멘티에게 자신의 경험을 전수하는 방법이다.

코칭은 성장과 변화를 추구하는 건강한 사람이 새로운 시각으로 문제를 보고 자신의 해결책을 발견하도록 돕는 것이다. 정해져 있는 하나의 답이 있다고 전제하지 않고 코칭 받는 사람에게 가장 적합한 답을 찾는다.

네 가지 방법론의 차이점을 이해하기 위해 '자전거 타기'를 배우는 경우를 예로 들어보자.

⑤ 우리는 이러한 구분을 통하여 특정한 방법이 다른 방법보다 더 효과적이라고 주장하지 않는다. 상황에 따라 더 적합한 방법이 있을 수는 있겠으나, 인간의 학습 및 변화에 대해 어떤 방법이 다른 방법보다 절대적으로 우위에 있지는 않다는 입장이다.

집체교육을 통해 자전거를 배운다면, 교육장에 다수의 사람들이 모여서 자전거의 모양, 각 부분의 이름 등을 익히며 강사로부터 균형을 잡는 방법, 핸들을 작동하는 방법 등에 대한 설명을 듣게 될 것이다. 잘 타는 사람을 모델로 한 동영상을 보고 "자, 이제 여러분도 돌아가서 배운 대로 하세요. 그러면 자전거를 잘 탈 수 있게 됩니다."라는 말을 들으며 교육이 마무리될 것이다. 그러나 문제는 교육생들의 경험과 욕구가 다양하다는 데 있다. 그들 중에는 자전거를 한 번도 본 적이 없는 사람도 있을 수 있고 자전거를 배우다가 실패한 사람도 있을 수 있다. 또, 자전거 타기를 원하는 사람과 그렇지 않은 사람, 심지어 이미 자전거를 탈 수 있는 사람도 있을 수 있다. 또한 교육을 마치며 '이번에는 꼭 타 봐야지'라고 결심한 사람들도 그들이 현장으로 돌아가서 이를 행동으로 옮길지는 여전히 미지수다.

컨설팅의 방법으로 자전거 타기를 배우는 경우를 상상해 보자. 컨설턴트는 자전거 타기를 원하는 사람의 신체적 조건, 그가 가진 자전거의 특징 등을 분석하여 가장 적은 노력으로 자전거를 배울 수 있는 프로그램을 개발하여 고객에게 제시할 것이다. 이 방법의 한계는 (우리가 가진 대부분의 문제가 그러하듯이) 어떻게 하면 되는지 알면서도 행동하지 않는 원인에 대한 고려가 없어 그가 과연 프로그램대로 충실히 실행할 것인지에 대한 확신을 할 수 없다는 점이다.

멘토링의 방법으로 자전거 타기를 배운다면, 아마도 멘토는 멘티에게 왜 자전거 타기를 배워야 하는지, 그것이 얼마나 도움이 되는 일인지에 대한 설명부터 시작할 것이다. 같이 자전거를 사러 갈 수도 있다. 멘토는 멘티에게 자전거를 고를 때 주의할 점을 알려줄 것이고, 같이 운동장으로 자전거를 끌고 가 먼저 시범을 보일 것이다. 그러고 나면 "잘 봤지? 이제 너도 한 번 해봐. 나처럼 하면 잘 탈 수 있어."라고 할 것이다. 문제는 멘토의 신체조건과 멘티의 신체조건이 다를 수도 있고, 멘티의 자전거는 멘토가 타던 시절의 자전거와 기능이 다를 가능성이 많으며, 멘토는 광장에서 자전거를 탔었는데 멘티는 산길에서 자전거를 타야만 하는 환경일 수도 있다는 데 있다. 마치 현역시절 유능했던 선수가 반드시 훌륭한 코치가 되는 것은 아니라는 이치와 같다.

코칭의 방법으로 자전거를 배운다면 무슨 일이 벌어질까? 우선 코치는 자전거 타기를 원하는 피코치의 의견을 경청할 것이다. '아, 당신은 자전거를 배우고 싶군요.' 다음으로 질문할 것이다. "자전거를 배우고 싶은 이유는 무엇인가요?" "자전거를 잘 탄다는 것은 당신에게 어떤 의미가 있습니까?" "자전거를 잘 타기 위해 무엇이 필요할까요?" 욕구가 확인되고 필요한 정보가 수집되면 코치는 피코치에게 가장 적합한 행동계획을 세울 수 있도록 돕는다. 행동계획을 실행하는 것은 피코치의 몫이다. 코치는 다음 세션에서 피코치의 성공경험을 명료화하고 실패를 수정하기 위해 "직접 자전거를 타 보니 어떤 기분이 듭니까?" "어떻게 했을 때 가장 힘이 덜 들던가요?" "아, 넘어지기도 하셨군요. 어쩌다가 넘어지게 되었지요?" "또 넘어지지 않기 위해 어떻게 하겠습니까?" 등의 질문을 할 수 있다. 하지만 코칭의 방법에도 한계는 있다. 만약 피코치가 자전거 배우기를 원하지 않는다면, 코칭은 시작되지 않으며, 수립된 행동계획을 실행에 옮기지 않는다면 더 이상 코칭이 진전되지 않는다.

물론 최근에는 집체교육도, 컨설팅도, 멘토링도 진행방법이 발전되어 위에서 설명한 내용과는 사뭇 다른 모습으로 수요자에게 전달되고 있다. 여기서의 비교는 각 방법론의 차이점을 설명하고자 조금은 과장되게 묘사한 감이 없지 않다. 하지만 이를 통하여 코칭의 독특성을 이해하는 데 도움을 주고자 하는 의도로 받아들일 수 있을 것이다. Box 1-2는 네 가지 학습 및 변화 방법론의 특성을 요약한 것이다.

Box 1-2 개인과 조직의 변화를 위한 대표적인 개입 방법론의 비교

	집체교육	컨설팅	멘토링	코칭
수요자	• 특정한 기술, 지식을 배우기 위한 다수의 사람들	• 당면한 상황의 개선을 위해 전문가의 답을 구하는 사람 혹은 조직	• 특정 상황에 유능한 사람의 지식과 기술을 전수받고자 하는 사람	• 당면한 상황에 대해 자신에게 적합한 답을 찾고자 하는 사람
공급자	• 요구되는 기술, 지식에 대한 전문가로 이를 잘 전달할 수 있는 스킬이 필요	• 컨설팅 프로세스 및 당면한 상황에 대한 충분한 지식이 필요	• 멘토링하고자 하는 특정 상황에 대한 많은 경험이 필요	• 코칭적 관점이 확고하고 프로세스를 진행할 수 있는 능력이 필요
한계점	• 욕구와 수준이 다양한 대상자를 고루 만족시키기 어려움 • 학습하고도 행동하지 않을 수 있음	• 컨설턴트의 능력에 따라 결과에 차이가 있음 • 답을 가지고도 실행하지 않을 가능성이 있음	• 멘토의 경험이 멘티에게 적합하지 않을 수 있음 • 멘토의 경험에 따라 멘토링의 영역이 제한됨	• 피코치의 자발성 정도에 따라 성과가 크게 좌우됨 • 행동계획이 실행되지 않을 경우 진전이 어려움

4. 근거기반 코칭

코칭을 전공하는 학생들이나 현업 코치들에게 '코칭을 잘한다는 것은 무엇인가?'라는 질문을 던지면 대개의 경우 '피코치의 잠재력이 개발되는 것', '피코치가 만족하는 것', '피코치의 행동변화가 있는 것' 등과 같은 대답이 돌아온다. 이러한 시각은 마치 '수영을 잘한다는 것은 무엇인가?'라는 질문에 '올림픽에서 금메달을 따는 것'이라고 대답하는 것과 같다. 수영선수가 올림픽에 출전하여 금메달을 목에 걸었다면 그 선수가 경기에서 수영을 잘한 것의 '결과'이지 수영을 잘하는 '행위' 그 자체는 아닐 것이다. 같은 논리로, 코칭을 받고 피코치가 만족하거나 바람직한 변화를 이루어 냈다면 그것은 코칭을 잘한 결과

로써 나타나는 현상이지 코칭을 잘하는 행위 자체를 의미하는 것은 아니다.

그렇다면 코칭을 잘한다는 것은 무엇인가? 다시 수영선수의 비유로 돌아가자. 수영 경기의 목표는 주어진 레이스를 최대한 빠른 시간에 마치는 것이다. 따라서 수영을 잘한다는 것은 물속에서 빨리 전진하는 것을 말한다. 이를 위해서 선수는 호흡은 어떻게 하는 것이 도움이 되는지, 어떤 근육을 어떻게 사용하는 것이 더 효과적인지, 전체 레이스는 어떻게 계획하여 어디서부터 최고로 스피드를 낼지 등등의 기법들을 연습한다. 어떤 동작들이 물속에서 빨리 나아가는 데 도움이 되는지는 학자들이 연구해 왔으며 선수들은 이러한 연구의 결과를 자신의 것으로 만드는 훈련을 한다. 물의 저항을 줄여 주는 신소재가 개발되면 선수들은 그 소재로 만든 수영복을 입는다. 목표에 부합하는 연구결과들을 자기화하여 수행하는 것, 이것이 선수로 하여금 수영을 잘하도록 만든다.

코칭도 마찬가지다. 코칭의 목표는 피코치의 변화(넓은 의미로)이고, 유능한 코치는 피코치의 변화를 이끌어 내는 대화를 한다. 이를 위해 코치는 사람의 변화에 관한 연구를 참조하고 그중 효과성이 검증된 결과들을 자신의 코칭에 적용해야 한다. 이것을 근거기반 코칭(Evidence-Based Coaching)이라고 한다.

수영선수가 수영복의 소재를 바꾸기로 결정했다면 거기에는 '근거'가 있다. 새로운 소재가 어떤 이유에서든 물속에서 빨리 전진하는 데 도움이 된다는 과학적인 연구결과가 바로 그 결정의 '근거'가 된다. 또한 수영복의 소재를 바꾸지 않기로 결정했다면 지금 사용하는 소재가 현재로서는 속도를 빨리 내는 데 가장 적합하다는 근거에 기반을 둔 것이다. 의사가 환자에게 특정한 약을 처방했다면 그 약이 환자의 증상 개선에 도움이 된다는 연구결과에 근거한 것이다.

같은 논리가 코칭에도 적용된다. 피코치의 이슈가 경영에 관한 것이라면 코치는 이에 대한 맥락을 이해할 수 있는 근거를 파악하여 코칭에 적용해야 한다. 이것은 거시적인 근거의 적용이다. 피코치의 상황에 맞는 근거기반의 질문을 구사하는 것은 미시적 근거기반 코칭이다. 이것이 Gallwey가 말하는 '학생이

가고 싶어 하는 곳을 잘 알고 있고, 그가 그곳에 갈 수 있도록 도와주는' 역할을 하는 코치의 역량이다.

코칭에 근거기반 접근, 특히 심리학기반 접근을 적용해야 한다는 주장은 2004년 Kauffman과 Scoular가 정식으로 제기했는데, 그들은 1세대 코칭에서 2세대 코칭으로의 전환을 촉구하며 다음과 같은 견해를 피력하였다.

> "1세대 코치들은 코치라는 직업을 정착시켰다. 코칭을 비즈니스화하였으며 코칭에 적용할 수 있는 기본 모델들을 개발하였다. 그들은 열정과 영감(inspiration)을 가지고 있었고, 고객에게 신선하고 새로운 기법을 적용할 능력이 있었다. 1세대 코치는 구루(guru) 세대로 탁월한 소통능력이 있었지만 코칭에 대한 그들의 접근방식은 자신의 재능과 경험을 활용하는 것으로 폐쇄적인 시스템을 만들어 내었다. 이러한 방식은 한계가 있다. 이제 2세대 코치들은 고객의 요구와 기대가 점점 정교화되고 있는 상황에 직면하고 있다. 코칭은 이제 더 이상 개인의 역량에 의존하지 말고 개방 시스템으로 전환될 필요가 있다. 이를 위해서 코칭은 명시적인 심리학적 원리에 근거를 두면서 더 많은 경험 연구가 이루어져야 한다." (Kauffman & Scoular, 2004: 287-288).

Kauffman과 Scoular의 주장은 이미 전문적으로 코칭을 하고 있는 사람들에게는 무엇을 더 학습하고 연습해야 하는지에 대한 방향성을 제시한다. 또한 코치가 되고자 하는 사람들에게는 큰 희망이 된다. 코칭의 성공과 실패가 코치의 성품, 개인적인 역량 혹은 피코치와의 적합성에 의존하고 있다면 코치 지망생은 무엇을 준비해야 하는지 알 수 없지만, 코칭이 개방 시스템이 되어 코칭 효과성에 영향을 미치는 요소가 원리와 이론으로 정리되어 있다면 무엇을 알아야 하고 무엇에 숙달해야 하는지 알 수 있기 때문이다.

5. 코칭심리학의 대두

코칭은 여러 영역이 교차하는 지점에 위치한다. 비즈니스 코칭에는 경영학적 지식이 필요하고 청소년 코칭에는 교육학적 지식이 필요하다. 하지만 모든 코칭이 인간에 대한 것이라는 관점에서 본다면 코칭에는 심리학적 지식과 원리가 가장 많이 활용될 수 있다. 따라서 '코칭경영학' 혹은 '코칭교육학'이라는 영역이 탄생하기 이전에 '코칭심리학'이 탄생한 것은 그리 놀라운 일이 아니다.

2000년에 오스트레일리아 시드니 대학의 심리학과 교수인 Anthony Grant는 코칭심리학의 시대가 도래하였음을 선언하였다(Grant, 2000). 코칭심리학은 코칭에서 일어나는 현상들을 심리학의 틀로 설명하고, 심리학의 이론을 바탕으로 하는 개입방법을 제시하며, 이의 효과성을 검증하여 다시 코칭에 활용되도록 하는 학문이다.[6]

애초에 코칭심리학은 '정상적'인 사람을 대상으로 한다는 입장에서 출발하였다. Grant와 Palmer(2002)는 '코칭심리학은 성인학습과 심리학적 접근법에 기반을 둔 코칭모델이 뒷받침하고 있으며 정상적이고 병리학적 이상이 없는 사람들의 삶과 일에서의 안녕과 성과를 높인다는 목표를 가지고 있다'고 정의하였다. 하지만 '정상적이고 병리학적 이상이 없다'는 기준에 대한 모호함, 그리고 병리학적 이상이 있는 사람이 코칭에 대한 이해를 바탕으로 치료의 목적이 아닌 자기 인식이나 특정 이슈에 대한 관점의 전환을 위해 코칭 받기를 원한다면 코칭심리학자들은 이들의 요구에 응할 의무가 있다는 주장이 제기되면서

⑥ 심리학에서는 이를 '과학자-실무자 모델(Scientist-Practitioner Model)'이라고 한다. 즉, 과학자(심리학자)들이 검증한 모델을 실무자(코치, 상담가 등)가 그들의 현장에 적용하고, 현장에서 얻어진 데이터는 과학자들의 연구자료로 활용되어 더 정교화된 이론을 내놓는 선순환의 과정을 일컫는다.

(Spence, Cavanagh, & Grant, 2006) 코칭심리학자들은 공식적으로 코칭의 정의를 다음과 같이 수정하였다.

> '코칭심리학은 성인학습과 심리학적 접근법에 기반을 둔 코칭모델이 뒷받침하고 있으며 사람들의 삶과 일에서의 안녕과 성과를 높인다는 목표를 가지고 있다(Grant & Palmer, 2002: Palmer & Whybrow, 2006).'

이로써 코칭심리학은 '모든' 사람을 대상으로 하는 학문으로 자리매김하게 되었다. 이는 코칭심리학이 심리학의 영역 중에서 가장 많은 사람이 가장 실용적으로 활용할 수 있는 영역이라는 의미를 갖는다. Palmer와 Whybrow(2008a)는 코칭심리학이 장차 "상담과 임상의 모델을 넘어서는 고유의 모델을 제안함으로써 심리학적 시대정신(Psychological Zeitgeist)이 될 것이다."라고 예견하였다.

코칭심리학은 코칭의 효과성을 높일 수 있는 유용한 정보들을 제공하는데, 그중의 하나가 코칭을 목표중심 접근법(Goal-Focused Approach)의 틀로 이해하도록 한 것이다. 코칭은 기본적으로 개인이 목표에 도달할 수 있도록 개인 내 또는 개인 간의 자원을 활용하고 조절할 수 있도록 돕는 과정이다(Grant, 2006). 목표를 향한 자기조절(self-regulation)은 심리학에서 오랜 역사를 가진 영역이다. 목표를 세우고, 행동계획을 개발하며, 행동을 실행하고, 성과를 모니터링하며, 평가하는 일련의 과정으로, 이 평가에 기반을 둔 목표에 좀 더 다가갈 수 있는 새로운 행동계획을 세운다. 이 과정은 코칭과정과 매우 흡사하다. 코치는 피코치가 목표를 향한 자기조절 과정에서 다음 단계로 넘어갈 수 있도록 돕는 역할을 한다. 코칭심리학자들은 목표중심 접근법이 코칭심리학 고유의 이론이라는 데 대체로 의견을 같이한다. Box 1-3은 목표를 향한 자기조절 과정 모델을 도식화한 것이다.

Box 1-3 목표를 향한 자기조절 과정 모델

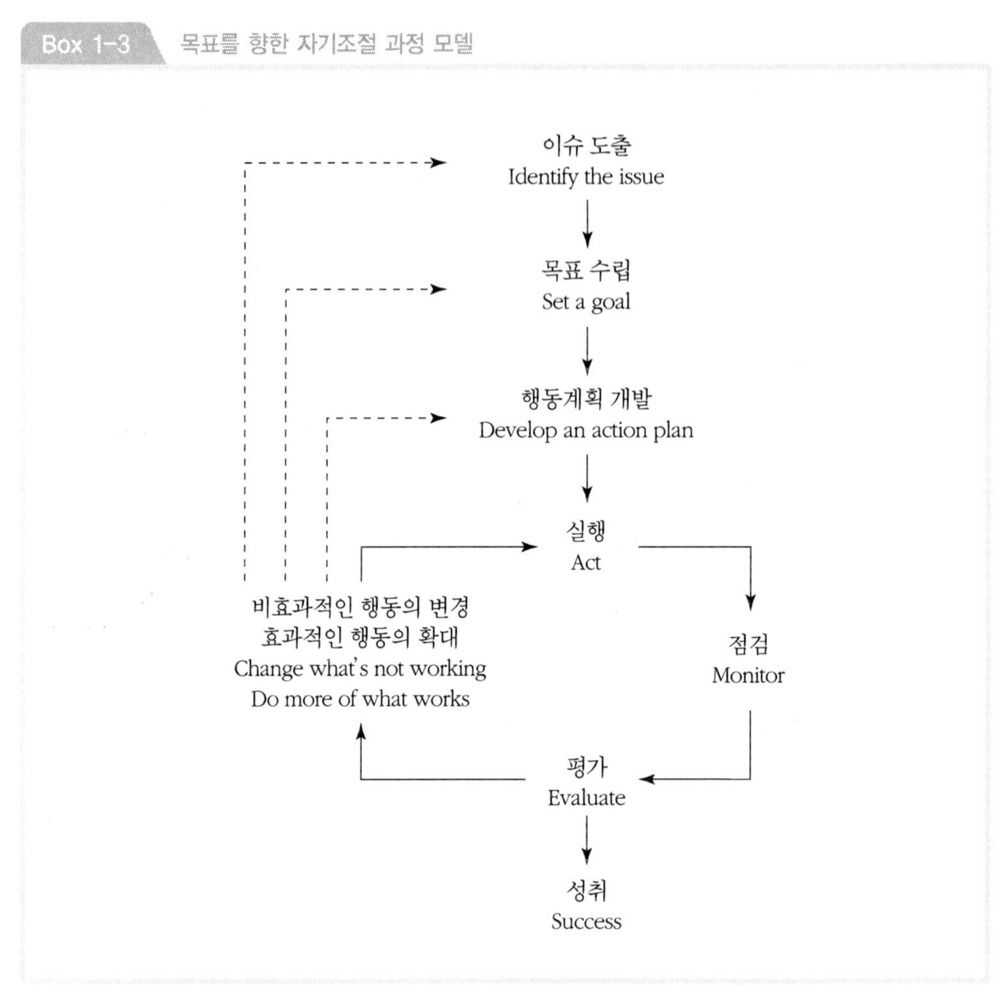

출처: Grant (2006), p. 154.

한편, 전통적인 목표이론에서는 목표를 비교적 고정된 것으로 보았다. 하지만 코칭 현장에서의 경험에 비추어 보면 자기조절 과정이 진행되면서 목표도 조금씩 정교화되고 달라지는 것이 사실이다. 이러한 현상을 반영하여 Clutterbuck과 David(2013)는 목표의 진화모델(Goal evolution model)을 제안하였다. 개인은 어떤 자극(내적, 외적)이 있을 때 목표를 세운다. 이것은 '대응적 목표'로서, 주로 고통에서 벗어난다든지 하는 내용일 가능성이 많다. 대응적 목표는 자극 및 자신의 상황에 대한 '성찰'을 통해 '맥락화' 과정을 거치면 '조정된 목표'가 된다. 이제 비로소 '행동을 위한 동력'이 생기는 것이다. 이 동력을 근거로 '행동을 하고', 다시 그 결과에 대한 성찰 및 맥락화를 통해 또 다른 조정된 목표를 세운다. 이런 방식으로 몇 번을 반복하면 목표를 위해 '지속하고자 하는 욕구'가 생기고 결국 '성취를 하였다는 인식'을 하게 된다. 성취를 인식하는 데는 자기만족과 같은 '내부적 단서', 타인의 피드백과 같은 '외부적 단서'들이 도움이 된다. 성취를 인식하고 나면 이제 '성취에 대한 성찰(reflection of achievement)'로 목표 달성에 의미를 부여한다. 성취에 대한 성찰은 또 다른 목표(아마도 좀 더 어려운)를 추구하는 동기원이 되기도 한다(Clutterbuck & David, 2013: 31-33).

목표의 진화모델은 코치의 역할을 암묵적으로 제시하고 있다. 즉, 대응적 목표를 조정된 목표로 발전시키는 성찰과 맥락화 과정을 함께하고, 행동을 위한 동력이 실행으로 이어지도록 적합한 행동계획 수립을 도우며, 성취 인식을 돕는 외부적 단서를 제공하고, 성취에 대한 성찰과정에 동반하는 것이 코치의 역할이다. Box 1-4는 목표의 진화모델을 도식으로 제시한 것이다.

코칭심리학의 연구는 지난 10여 년 동안 양적으로 놀라울 만한 발전을 이루었다. 2013년 12월 현재 PsycINFO[7]에서 '코칭심리학'이라는 키워드로 검색하면 3,342편의 논문이 검색된다. 3년 전인 2010년 12월의 290건(Grant, 2011)에 비하면 그야말로 폭발적인 양적 성장이라고 할 수 있다. 이제 코치는 자신의 코칭 능력을 향상시키기 위하여, 피코치는 코칭의 원리를 보다 더 잘 이해하여 스스로의 변화를 촉진하기 위하여, 조직에 코칭을 도입하는 담당자는 보다 현명한 '소비'를 위하여 코칭심리학에 관심을 가져야 할 때다.

⑦ PsycINFO는 미국심리학회(American Psychologist Association)가 보유하고 있는 심리학 연구 온라인 데이터베이스다.

Box 1-4 목표의 진화모델

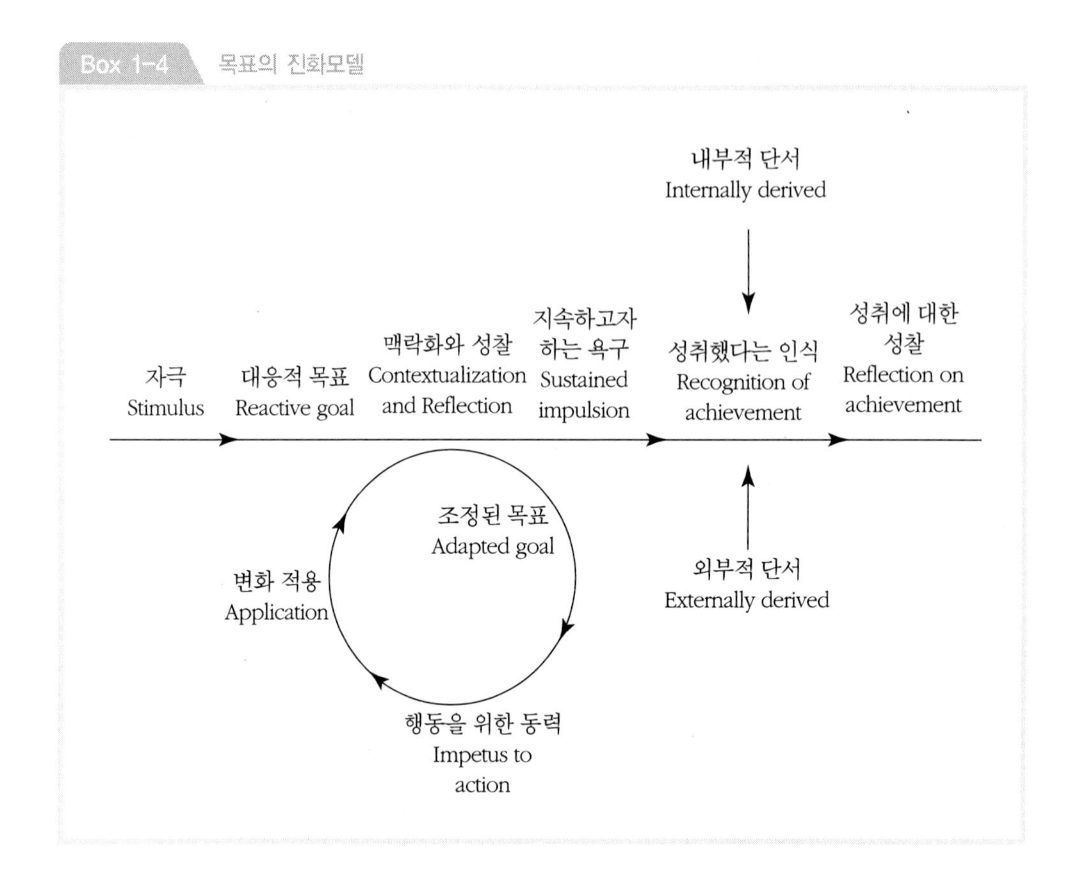

6. 심리학기반 코칭

앞 절에서 살펴본 바와 같이 심리학기반 코칭이란 코칭에 심리학적 이론을 적용하는 것을 말한다. 이 절에서는 심리학기반 코칭에 활용될 수 있는 심리학의 영역에는 무엇이 있는지를 간단히 알아보겠다.

① 학습심리학(Psychology of learning): 학습이란 과거 경험의 결과로 일어난 비교적 영속적인 행동의 변화다. 코칭이 변화를 추구한다고 할 때, 변화의 메커니즘을 규명한 학습심리학의 원리들은 코칭의 주제와 관련된 행동에 대

한 이해의 틀과, 목표하는 변화를 위한 효과적인 개입방법에 대한 정보를 제공한다.

② 발달심리학(Developmental Psychology): 발달이란 인간이 태어나면서부터 사망에 이르기까지 인생의 각 단계에서 일어나는 신체적 · 인지적 · 정서적 변화과정이다. 발달심리학적 지식은 피코치의 인생 혹은 조직 내 발달단계에 대한 이해의 틀을 제공하며, 피코치의 발달과업[8]에 따른 코칭의 진행을 돕는다.

③ 상담심리학(Psychology of counseling): 상담심리학은 오랜 역사를 가진 코칭심리학의 인접 분야다. 상담심리학에서는 특히 면 대 면 장면에서 활용할 수 있는 스킬들에 관한 연구가 정교화되었는데, 이는 코칭을 진행하는 데 반드시 필요한 효과적인 코칭스킬에 관한 지식이 된다.

④ 성격심리학(Psychology of personality): 성격이란 개인이 환경에 대응하는 비교적 일관적인 반응양식이다. 성격심리학은 코칭에서 변화의 주체인 개인에 대한 이해의 틀을 제공한다.

⑤ 사회심리학(Social Psychology): 사회심리학은 환경이 개인의 행동에 미치는 영향을 연구한다. 환경에는 다른 타인이 포함되는데 코칭에서 환경, 특히 타인의 영향을 다루는 것은 필수적이다.

⑥ 긍정심리학(Positive Psychology): 긍정심리학은 인간의 성장과 행복 추구에 관

⑧ 발달과업(developmental task)이란 인간이 성장해 나가는 과정에서 환경에 적응하기 위하여 성장의 각 단계에서 반드시 성취해야 할 일을 뜻한다. 예를 들어, Erickson(1963)은 '친밀감' 을 성인 초기의 발달과업으로 꼽았는데, 이는 이성과 애정관계를 형성하여 가정을 이루는 것을 포함하는 개념이다. 이를 통해 종족 보존이 가능하다. Havighurst(1971)는 개인이 한 단계에서의 발달과업을 잘 성취하면 행복해지고 다음 단계의 과업을 원만히 수행할 기초를 마련하지만, 그렇지 못하면 불행해질 뿐만 아니라 장차의 과업수행에 곤란을 겪게 된다고 하였다. 이 발달과업은 문화, 계층에 따라 차이가 있으나 대체로 연령에 따라 계열화되어 있다.

한 학문으로 개인, 집단 그리고 사회가 성장하고 번창하도록 만드는 요인을 발견하고 촉진하는 것을 목표로 한다. 긍정심리학의 관점은 코칭과 맥을 같이하여 코칭이라는 현상에 대한 학문적 기반을 제공한다.

이 외에도 코칭에 적용할 수 있는 심리학의 영역은 수없이 많다. 심리학의 모든 영역이 코칭을 효과적으로 진행하는 데 필요한 원리를 제공한다고 해도 과언이 아니다. 하지만 필자는 심리학기반 코칭의 시작을 위하여 위에서 언급한 다섯 가지 영역이 필수적임을 제안하며, 심리학기반 코치가 되고자 하는 모든 사람의 출발점을 제시하고자 한다.

제2장
심리학기반 코치

좋은 이론은 가장 실용적이다
(Thorndike, 1898).

1. 인간에 대한 관점
2. 성장모델과 질병모델
3. 기본 스킬의 숙달 1: 경청
4. 기본 스킬의 숙달 2: 전문적 안내

이 장의 목표

1. 코칭의 관점으로 피코치를 볼 수 있다.
2. 질병모델과 성장모델의 차이점을 알고 성장모델에 따른 코칭을 진행할 수 있다.

심리학적 지식을 코칭에 활용하는 코치를 '심리학기반 코치'라고 부를 수 있다. 전공 여부를 떠나서 심리학에서 발견된 원리들을 익히고 이를 자신의 코칭에 적용한다면 누구나 심리학기반 코치가 될 수 있다.

이 장에서는 심리학기반 코치의 역량[1] 중 코칭에 대한 관점과 코칭의 기본 스킬[2]에 대해 보다 구체적으로 살펴봄으로써 심리학기반 코치가 될 수 있는 토대를 마련해 보고자 한다.

1. 인간에 대한 관점

코칭이라는 방법론이 문제해결과 성장을 가능하게 하는 데는 그 기저를 이

❶ 심리학기반 코치의 역량에 대해 필자는 2012년 코칭심리학회 춘계학술대회에서 다음의 네 가지를 제안하였다. 첫째, 심리학기반 코칭의 정신에 대한 이해; 둘째, 기본 스킬의 숙달; 셋째, 코칭전략의 수립; 넷째, 심리검사의 활용. 이 장에서는 첫 번째와 두 번째 역량에 대해서만 다루었는데, 세 번째 역량과 네 번째 역량은 각각 한 권의 책이 될 만큼 방대한 영역이기 때문이다. 세 번째 역량인 코칭전략을 세울 수 있는 능력은 상담심리학에서 '사례 개념화'로 불리는 영역이다. 상담에서의 사례 개념화는 내담자의 심리적, 대인관계적, 행동적 문제, 이 문제와 관련된 원인 및 촉발, 유지 요인, 내담자가 가진 강점을 파악하는 것이며 이렇게 파악한 바에 대한 종합적 이해를 근거로 하여 문제해결의 방향과 전략, 기법을 계획하는 것을 의미한다(Berman, 1997). 또한 심리검사는 인간의 심리적 특성을 측정하는 모든 검사를 일컫는다.

❷ 이 장에서는 코칭의 기본 스킬 중 '경청'과 '전문적 안내'만을 소개하고 질문은 다루지 않았다. 효과적인 질문의 기본 특징에 관한 지식이 세간에 넘쳐나고 있기 때문이기도 하고, 무엇보다 필자는 질문에 특별한 스킬이 있다고 믿지 않기 때문이다. '언어력은 지력(智力)'이라는 말이 있듯이 좋은 질문은 코치가 코칭 이슈에 관한 적절한 지식이 갖추어져 있으면 할 수 있는 것이라고 본다.

루는 인간의 본질에 대한 가정이 존재한다. 즉, 코칭에서는 인간을 '자신의 잠재능력을 발휘하여 성장하기를 원하는 존재'로 본다. 가깝게는 긍정심리학의 가정이고, 멀게는 긍정심리학의 한 뿌리이기도 한 인본주의 심리학의 가정이다.

긍정심리학은 1999년 당시 미국심리학회 회장이었던 Martin Seligman이 주창한 영역이다. 그는 기존의 심리학이 병들고 고통 받는 사람들에게 지나치게 집중되어 있음을 지적하면서, 더 행복한 삶을 추구하고자 하는 보통 사람들의 욕구에도 관심을 갖는 것이 심리학의 의무라고 제안하였다. 이렇게 시작된 긍정심리학의 인간에 대한 가정은 권석만이 간결하고 명확하게 정리하였다.

> "긍정심리학은 인간이 근본적으로 행복과 성장을 추구하는 존재라는 가정에 근거한다. 인간은 누구나 행복하기를 원한다. 편안하고 즐거우며 만족스러운 삶을 추구한다. 또한 인간은 자신의 잠재능력을 계발하고 발휘함으로써 성장하려는 욕구를 지닌다." (권석만, 2008: 27)

인간의 성장동기와 잠재력에 대한 믿음이 아주 새로운 것은 아니다. 제1장에서 간략히 언급한 바와 같이 20세기 중반부터 꽃 피운 인본주의 심리학의 전제이기도 하다. 긍정심리학(Positive Psychology)이라는 용어는 Abraham Maslow가 1954년에 출간한 『동기와 성격(Motivation and Personality)』에서 처음 언급한 바 있다. Maslow는 유명한 욕구위계설을 제안하면서 인간의 최상위 욕구인 자아실현에 관한 연구를 하였는데, 이것은 긍정심리학이 관심을 가지고 있는 '인간이 나타낼 수 있는 최선의 기능 상태'라는 연구주제와 일맥상통한다(Sheldon et al., 2000). 또한 인본주의 심리학을 대표하는 학자 중의 하나인 Rogers는 상담심리학자로서 인간에 대한 긍정적인 관점이 상담 및 치료 장면에서 어떻게 활용될 수 있는지에 관심을 가지고 '인간중심 상담'이라는 독특한 방법론을 개발하였다. Carl Rogers가 제안하는 상담자의 태도 및 기법은 코칭에도 적용할 수 있다.[3]

'인간은 행복과 성장을 추구한다' 는 긍정심리학의 대전제는 코칭의 가정이기도 하며, 구체적으로 코치는 피코치의 행복과 성장추구 욕구를 발견하고 명확한 재인식을 돕는 역할을 해야 한다는 의미다.

다음의 두 대화를 비교해 보자.

대화 1

피코치: 직장에서 일어나는 일 때문에 정말 화가 나요.

코 치: 그렇군요. 화나는 일에 대해 구체적으로 말씀해 주시겠습니까?

대화 2

피코치: 직장에서 일어나는 일 때문에 정말 화가 나요.

코 치: 그렇군요. 직장문제에 대한 해결책을 찾고 싶어 하시는 것 같은데…….

어떤 반응이 더 코칭스러운가? 물론 대화 2다(Berg & Szabo, 2005). 대화 2와 같은 반응을 하기 위해서는 피코치를 문제 속에서 불평을 하고 있는 존재가 아니라 문제를 해결하여 행복해지고 성장하고 싶은 욕구를 가진 존재로 보는 것이 필요하다. 이는 코치로서 구사할 수 있는 모든 기법에 우선하는 기본 관점이다.

Box 2-1과 Box 2-2의 사례에서 각각의 피코치가 가지고 있는 행복과 성장 추구 욕구를 찾아보자. 연습박스 안의 두 사례에서 문제가 먼저 보인다면, 그래서 피코치의 반대 입장에 서서 조언을 하고 싶다면 아직은 피코치를 보는 관점이 충분히 코칭적이지 않은 것이다. 코칭적 관점은 새로운 것으로서 연습을 통해 코칭적 관점을 가질 수 있다.

③ 이에 대해서는 3절 '기본 스킬의 숙달 1: 경청'에서 보다 자세히 살펴보기로 한다.

Box 2-1 성장욕구 확인 사례연습 1

● 중학교 2학년 남학생 ●

"저는 요즈음 정말 힘들어요. 제가 공부를 잘하는 것도 아닌데 회장이 된 것에 대해 선생님이나 다른 반 친구들이 너희 반에 얼마나 인물이 없으면 네가 회장이 되었냐라는 말을 해요. 그럴 때마다 웃으면서 넘기지만 저는 상처를 받아요. 회장이기 때문에 복장이 더 단정해야 하고 수업태도가 더 좋아야 하며, 또 숙제도 더 잘해야 한다는 것도 싫어요. 회장이 되었다고 갑자기 사람이 변하는 것은 아니잖아요. 그러나 회장이 된 것에 장점도 있기는 해요. 어른들은 제가 회장이라고 하면 저를 좋게 생각하는 것 같아요."

- 이 사람의 성장욕구는 무엇입니까?

- 그 성장욕구를 확인하기 위해서 코치는 어떤 '말'을 할 수 있습니까?

Box 2-2 성장욕구 확인 사례연습 2

● 40대 초반 회사원 ●

"제 상사도 코치입니다. 무슨 자격증 같은 것도 받았다고 합니다. 부하직원들에게도 코치형 리더의 역할을 하고 계신데, 저는 이것 때문에 정말 힘이 듭니다. 회의 중에 질문하고 경청하느라 시간 다 가고, 결정되는 것은 없습니다. 리더라면 중요한 사안에 대해서는 자신의 의견을 확실히 말하고, 소신 있게 결정하고, 그 결과에 대해서는 책임을 지는 모습을 보여줘야 하는 것 아닌가요? 코치님께 이런 말씀을 드리기는 좀 뭐 하지만…… 저는 코칭이 싫습니다. 제가 뭘 잘못 이해하고 있는지도 모르지요."

• 이 사람의 성장욕구는 무엇입니까?

• 그 성장욕구를 확인하기 위해서 코치는 어떤 '말'을 할 수 있습니까?

2. 성장모델과 질병모델

왜 코치가 피코치의 '문제'에 집중하지 말고 '행복과 성장추구의 욕구'에 집중해야 하는지는 성장모델과 질병모델의 차이를 알게 되면 쉽게 수긍할 수 있다.

성장모델과 질병모델을 이해하기 위해 구체적인 예를 들어보자. 달리기를 잘하고 싶은 사람이 있다. 그는 잘 달리기 위해 우선 자신이 가지고 있는 '문제' 들, 즉 달리기를 하는 데 방해가 되는 요소들을 제거하기로 결심한다. 잘 달리지 못하는 사람들의 특징을 관찰하고, 그 특징을 제거할 수 있는 방법을 연구하여 마침내 자신이 가지고 있는 모든 부정적 특징을 제거한다. 과연 이제 그는 잘 달릴 수 있을까? 그렇지는 않을 것이다. 이것을 질병모델이라고 한다. 문제가 없는 상태에 이르는 것이 질병모델의 목표다. 물론 질병모델이 유용한 경우가 있다. 암환자를 치료하려면 암의 원인 균을 하나도 남김없이 깨끗하게 제거해야만 한다.

하지만 한 사람의 성장과 행복, 사람들 사이의 관계, 조직의 운영 등 보통 사람들의 삶에서 '무결점 상태' 를 추구하는 것은 효과적이지 않을 뿐만 아니라 가능하지도 않다. 성장모델에서는 어느 정도의 부정적 특징이 있더라도 그것이 심각하게 결정적이지 않다면 강점을 발견하고 발휘하는 것이 더 효과적이라는 입장이다. 만약 당신이 잘 달리고 싶다면 달리기를 잘하는 사람들의 특징을 연구하여 이를 학습하고 연습한 다음 당신의 달리기에 적용하는 것이 더 낫다. 신체적인 약점을 가지고도 훌륭한 경기를 해내는 선수들을 우리는 많이 보지 않았는가?

대화 1

부하직원: 이번 고객 만족도 조사결과가 79%로 나왔습니다.

상사: 6개월 이내에 만족도를 90%까지 올려봅시다. 무엇이 문제인지 찾아

보세요. 우선 고객이 어떤 경우에 만족하지 않는지, 즉 불만족 요소가 뭔지 자세히 조사해서 매뉴얼로 만들고 직원들을 교육시켜 주세요. 고객들이 불만족하는 서비스는 더 이상 제공할 필요가 없습니다.

대화 2

부하직원: 이번 고객 만족도 조사결과가 79%로 나왔습니다.

상사: 6개월 이내에 만족도를 90%까지 올려 봅시다. 무엇을 더 잘할 수 있는지 찾아보세요. 우선 고객이 어떤 경우에 만족하는지, 즉 만족 요소가 무엇인지 자세히 조사해서 매뉴얼로 만들고 직원들을 교육시켜 주세요. 고객이 만족하는 서비스를 더 많이 제공할 필요가 있습니다.

대화 1은 질병모델에 근거한 개입이고, 대화 2는 성장모델에 근거한 개입이다. David Cooperrider(2008)의 경험 연구에 따르면, 실제로 대화 1과 같은 개입을 한 경우 수개월 후의 재조사에서 오히려 고객 만족도가 하락한 것에 비해, 대화 2의 방향으로 개선을 진행한 8개월 후에는 고객 만족도가 95%까지 상승하였다고 한다(Whitney & Trosten-Bloom, 2009: 19).

피코치의 상황에서 '문제' 를 발견하고 이를 바로잡고자 하면 질병모델의 관점으로 코칭이 진행된다. 반면에 피코치의 상황에서 행복 및 성장추구 욕구를 발견하고 이를 충족시키고자 하면 성장모델의 관점으로 코칭이 진행된다.

Box 2-3과 Box 2-4에 앞의 사례들을 다시 제시하였다. 이 사례들이 질병모델의 관점과 성장모델의 관점에서 진행되었을 때 어떤 차이점이 있는지 살펴보자.

Box 2-3 질병모델과 성장모델에 따른 코칭 사례연습 1

● 중학교 2학년 남학생 ●

"저는 요즈음 정말 힘들어요. 제가 공부를 잘하는 것도 아닌데 회장이 된 것에 대해 선생님이나 다른 반 친구들이 너희 반에 얼마나 인물이 없으면 네가 회장이 되었냐라는 말을 해요. 그럴 때마다 웃으면서 넘기지만 저는 상처를 받아요. 회장이기 때문에 복장이 더 단정해야 하고 수업태도도 더 좋아야 하며 또 숙제도 더 잘해야 한다는 것도 싫어요. 회장이 되었다고 갑자기 사람이 변하는 것은 아니잖아요. 그러나 회장이 된 것에 장점도 있기는 해요. 어른들은 제가 회장이라고 하면 저를 좋게 생각하는 것 같아요."

- 이 사례를 질병모델의 관점으로 코칭한다면 어떻게 진행될지 그 과정을 예상해 보자.

- 성장모델의 관점으로 코칭한다면 어떻게 전개되겠는가?

- 두 접근법의 차이점을 밝혀보고 왜 코칭이 성장모델에 근거해야 하는지에 대한 생각을 정리해 보자.

Box 2-4 질병모델과 성장모델에 따른 코칭 사례연습 2

● 40대 초반 회사원 ●

"제 상사도 코치입니다. 무슨 자격증 같은 것도 받았다고 합니다. 부하직원들에게도 코치형 리더의 역할을 하고 계신데, 저는 이것 때문에 정말 힘이 듭니다. 회의 중에 질문하고 경청하느라 시간 다 가고, 결정되는 것은 없습니다. 리더라면 중요한 사안에 대해서는 자신의 의견을 확실히 말하고, 소신 있게 결정하고, 그 결과에 대해서는 책임을 지는 모습을 보여줘야 하는 것 아닌가요? 코치님께 이런 말씀을 드리기는 좀 뭐 하지만…… 저는 코칭이 싫습니다. 제가 뭘 잘못 이해하고 있는지도 모르지요."

• 이 사례를 질병모델의 관점으로 코칭한다면 어떻게 진행될지 그 과정을 예상해 보자.

• 성장모델의 관점으로 코칭한다면 어떻게 전개되겠는가?

• 두 접근법의 차이점을 밝혀보고 왜 코칭이 성장모델에 근거해야 하는지에 대한 생각을 정리해 보자.

질병모델의 관점을 취하면 피코치는 모르는 것이 많고, 무엇인가를 잘못 이해하고 있으며, 자기중심적인 사람으로 보인다. 반면, 성장모델의 관점에서는 피코피가 자신의 현실에 대한 분명한 인식이 있고, 더 나은 상황으로 변화시키고자 하는 욕구가 있는 사람으로 간주된다. 코칭이 단순히 문제해결 방법론에서 그치는 것이 아닌, 진정한 성장을 이루어 내는 방법론으로 활용되기 위해서는 반드시 성장모델적인 접근이 필요하다.

강점과 성장모델에 집중할 것을 촉구하는 코칭의 관점에 대해 사람들이 종종 오해를 하는 경우가 있는데, 코칭에서는 문제 혹은 약점을 무시해도 좋은 것으로 생각한다는 것이다. 그래서 개념적으로는 좋지만 비현실적이라는 비판을 받기도 한다. 이에 대해 Robert B. Diener(2010)[4]는 유명한 '돛단배의 비유'로 강점과 약점, 질병모델과 성장모델의 관계를 설명한다.

> "당신이 돛단배라고 상상하자. 하지만 불행히도 돛단배에 구멍이 났다. 상식이 있는 사람이라면 그 약점, 즉 구멍을 무시하지 않을 것이다. 그랬다가는 가라앉을 테니까. 당신은 구멍에 반드시 주의해야 한다. 사실 그 행동이 결정적이다. 현실에서는 그 구멍(약점)에 주의하지 않으면 우리 자신이 뒤집히거나 가라앉을 수 있다. 따라서 구멍을 막으려고 애써야 한다. 구멍을 막은 후, 당신은 한 가지 중요한 사실을 깨닫는다. 구멍을 막아도 당신은 어디로도 가지 못한다! 돛단배를 앞으로 밀어내는 것은 바로 돛(당신의 강점)이다. 가라앉지 않으려면 구멍에 주의해야 하지만, 순풍을 받아 전진하려면 돛을 높이 올려야 한다. 오직 강점에만 또는 오직 약점에만 초점을 맞추는 것으로는 충분하지 않다." (우문식, 유상운, 2011: 66)

⑤ Robert B. Diener의 책 *Practicing Positive Psychology Coaching*이 2011년에 국내에서 『긍정심리학 코칭기술』이라는 제목으로 번역되어 출간됨.

문제 혹은 약점이 피코치의 행복과 안녕에 결정적인 영향을 준다면 코칭에서 그것을 다루는 것이 필요하다. 또한 현실에서는 문제가 해결됨으로써 행복감을 느끼는 경우가 종종 있다. 여기서 우리가 기억해야 할 것은 문제해결에 강점이 활용될 수 있다는 것이다.

자녀의 성적표에 1등급이 하나, 3등급이 하나 있고 나머지가 전부 2등급이라면 누구나 '어떻게 하면 3등급을 받은 과목의 성적을 올릴 수 있을까?' 라고 생각하지, '3등급 받은 과목은 약점이니 잊어버리고 강점인 1등급 받은 과목을 더 열심히 공부해야지' 라고 생각하지 않는다. 이 경우 3등급을 받은 과목의 성적을 올리는 것이 목표가 되어야 하는 것이 맞다. 그리고 이 목표를 이루기 위해 1등급을 받은 과목을 어떻게 공부했는지 살펴보아 그 비결(활용된 강점)을 3등급을 받은 과목의 공부법에 적용해 보는 것이 필요하다.

피코치가 코칭이라는 기회를 통해 문제, 부족한 점, 약점을 개선하고자 하는 욕구를 가지는 것은 자연스러운 일이다. 코치는 이를 개선할 수 있는 피코치의 자원(강점)이 어디에 있는지를 볼 수 있는 능력이 필요하다. 요약하면, '목표는 부족한 점에서 오지만, 그 목표를 이루는 힘은 강점에서 온다' 는 것이 코칭적인 접근법이다.

3. 기본 스킬의 숙달 1: 경청

소통의 중요성이 대두되면서 '커뮤니케이션 스킬'을 담은 출판물과 워크숍이 범람하고 있다. 어찌된 일인지 많은 사람이 경청을 '끼어들고 싶은 마음을 참으면서 끝까지 들어주는 것' 혹은 '다 듣고 나서 정말 힘들겠군요……라는 식의 반응을 해 주는 것' 이라고 오해하고 있다. 그래서 '경청을 위해서 수양이 필요하다', '경청을 잘하려면 참을 인(忍)자 세 개를 써야 한다' 등의 말을 농담 반 진담 반으로 한다. 또한 '공감적 경청' 이라는 기법이 소개되면서 경청 스킬이 정서적인 공감능력의 다른 표현으로 이해되기도 한다. 이것은 경청의 본래 기능에 대한 오해에 지나지 않는다.

인간중심 상담법을 통해 경청기법을 정립한 Rogers(1959)의 주장을 들어보자.

> "정확한 공감적 이해는 상담자가 자신이 가지고 있는 문제를 내담자에게 부과시키지 않고 내담자가 하는 말을 경청하고 기술적으로 반영하여 내담자가 자신이 한 말의 의미를 분명하고 강하게 경험하도록 도와주는 것이다. 기술적 반영의 핵심은 '수용'이다. 수용이란 판단, 비판, 비난하지 않고 상대방의 느낌이나 관점을 이해하고자 애쓰는 것으로, 동의나 인정과는 다른 의미다. 어떤 사람의 관점에 동의하거나 지지하지 않는 경우에도 그 관점을 수용하고 이해할 수는 있다."(신성만, 권정옥, 손명자, 2006)[5]

Rogers의 경청기법에 대한 설명에서 놓쳐서는 안 되는 세 가지 핵심이 있다. '수용', '이해', '반영'이 그것이다. '동의하지 않아도 수용할 수 있다'는 Rogers의 견해는 상대방(내담자 혹은 피코치)에 대한 철저한 존중이 있을 때 가능하다. '당신은 그렇게 생각하는군요(느끼는군요). 그럴 수 있겠습니다', '당신의 입장에서 그렇게 생각할(느낄) 만한 이유가 있을 것이라고 봅니다' 라는 식의 태도인 것이다. 수용은 또한 상대방(내담자 혹은 피코치)의 상황, 태도, 선호 등에 대한 인지적 이해가 바탕이 되어야 한다. 그리고 상대방의 언어적 · 비언어적 메시지에 대한 인지적인 이해와, 동의와는 다른 의미의 수용을 표현하는 것이 반영이다.

반영은 Rogers가 말한 대로 피코치가 자신이 한 말의 의미를 분명하고 강하

⑤ Miller & Rollnick의 *Motivational interviewing: Preparing people for change*가 2006년에 국내에서 『동기강화상담』이라는 제목으로 번역되어 출간됨.

게 경험하도록 도와주는 것으로, Bill Miller와 Steve Rollnick은 이를 '상대방이 나에게 던진 꽃 중에서 가장 아름다운 것을 골라 부케로 만들어 되돌려 주는 과정' 이라고 표현한 바 있다(Miller & Rollnick, 2002).

Box 2-5와 Box 2-6의 사례에서 수용과 이해를 바탕으로 하는 반영반응을 작성해 보자.

Box 2-5 반영반응 사례연습 1

● 40대 중반 인사담당자 ●

"저는 사실 이번이 세 번째예요. 매번 코칭을 한다고 할 때마다 신청은 하는데, 두세 세션이 지나가고 나면 시간낭비다 싶은 생각이 들어 중단했어요. 제가 코칭 프로젝트의 책임자인데, 제가 코칭의 효과성에 대해 확신을 해야 하잖아요. 그런데 아직 확신이 없어요. 코치님께서 저를 좀 잘 코칭해 주셔서 제가 다른 임원들에게 확신을 가지고 코칭을 권할 수 있도록 해 주세요."

• 피코치의 태도와 행동을 어떻게 이해할 수 있을까? 인간의 성장욕구에 대한 믿음을 바탕으로 작성해 보자.

• 코치가 피코치를 이해했다는 것을 어떤 말로 표현할 수 있겠는가? 구체적인 문장을 작성해 보자.

Box 2-6 반영반응 사례연습 2

● 30대 중반 대학원생 ●

"코치가 되고 싶어 공부를 시작했는데 일을 완전히 그만둘 수는 없어요. 살림도 해야 하고 아이도 아직 어린데 시간이 너무 없네요. 여러 가지를 하다 보니 뭐 하나 제대로 하는 게 없는 것 같아서 힘이 들어요."

- 피코치의 태도와 행동을 어떻게 이해할 수 있을까? 인간의 성장욕구에 대한 믿음을 바탕으로 작성해 보자.

- 코치가 피코치를 이해했다는 것을 어떤 말로 표현할 수 있겠는가? 구체적인 문장을 작성해 보자.

상담심리학을 중심으로 발달되어 온 경청기법은 코치들에게 시사하는 바가 매우 큰데, 이에 코치들은 상담자들이 어떠한 경청훈련을 하는가에 관심을 가질 필요가 있다. 이에 더하여 코칭의 고유성을 살릴 수 있는 경청기법이 무엇인가에 대해 고민하게 되는데 Williams와 Menendez(2007)는 이에 대한 해답을 다음과 같이 제시하였다. "코칭은 가능성, 목표, 꿈과 포부에 귀를 기울이는 것이며 피코치가 가지고 있는 강점과 자원을 발견, 확장하는 것이다."

Williams와 Menendez의 제안을 보다 명확하게 이해하기 위해 앞에서 예로 들었던 대화를 다시 한 번 살펴보자.

피코치: 직장에서 일어나는 일 때문에 정말 화가 나요.
코　치: 그렇군요. 직장문제에 대한 해결책을 찾고 싶어 하시는 것 같은데…….

이러한 코치의 경청반응은 Williams와 Menendez가 언급한 '가능성, 목표'가 포함된 반응이다. 우리는 이러한 형태를 '가능성 발견'의 경청반응이라고 부르기로 한다.

코치는 다음과 같이 반응할 수도 있다.

피코치: 직장에서 일어나는 일 때문에 정말 화가 나요.
코　치: 직장생활이 보다 행복하고 의미 있었으면 하는 바람이 있으시군요.

이는 가능성, 목표보다 한 차원 높은 꿈과 포부를 구체화하는 반응이라고 볼 수 있다. 피코치의 이슈에 대해 의미를 부여하는 코치의 경청반응이다.

꿈과 포부를 구체화하는 반응으로 다음과 같은 사례도 있다.

피코치: 저는 실무형 리더입니다. 일에 대해 강하게 드라이브를 걸고 성과를 내는 것이 제 강점이지요. 한데 이제는 사람중심의 리더십을 보강하고 싶습니다. 부하직원들이 질책이 두려워서 일하는 것이 아니라 마음으로 저를 따랐으면 합니다.

코　치: 용장에 덕장을 더하고 싶으시군요.

이렇게 피코치의 바람에 '의미'를 부여하여 반응하는 것은 Rogers가 말한 '자기 자신이 한 말의 의미를 분명하고 강하게 경험하도록 도와주는 것'이라 할 수 있다. 우리는 이러한 경청반응을 '의미 부여'의 경청반응이라 부르기로 한다.

가능성 발견의 경청반응과 의미 부여의 경청반응은 코칭의 정신, 즉 성장지향의 방향성에 부합한다. 코치의 경청반응을 듣는 순간 피코치는 '맞아, 그것이 바로 내가 원하는 것이야'라는 강한 느낌을 갖고 자신의 이상이 실현될 수 있는 방법을 찾는 데 집중할 수 있다.

앞에서 수용과 이해를 기반으로 한 경청반응을 연습한 사례로 Box 2-7과 Box 2-8에는 가능성 발견 반응과 의미 부여 반응을 연습해 보고 이해 및 수용의 반응과 어떻게 다른지, 이러한 반응이 가져올 수 있는 효과는 무엇인지 확인해 보자.

Box 2-7 가능성 발견과 의미 부여의 경청 사례연습 1

● 40대 중반 인사담당자 ●

"저는 사실 이번이 세 번째예요. 매번 코칭을 한다고 할 때마다 신청은 하는데, 두세 세션이 지나가고 나면 시간낭비다 싶은 생각이 들어 중단했어요. 제가 코칭 프로젝트의 책임자인데, 제가 코칭의 효과성에 대해 확신을 해야 하잖아요. 그런데 아직 확신이 없어요. 코치님께서 저를 좀 잘 코칭해 주셔서 제가 다른 임원들에게 확신을 가지고 코칭을 권할 수 있도록 해 주세요."

- 피코치에게는 어떤 성장욕구가 있는가? 그 욕구에 대해 가능성 발견의 경청반응을 한다면 어떤 말을 할 수 있겠는가?

- 피코치의 진술에서 어떤 꿈과 포부가 발견되는가? 발견한 꿈과 포부에 대해 의미 부여의 경청 반응을 한다면 어떤 말을 할 수 있겠는가?

- 이러한 코치의 반응은 피코치에게 어떤 영향을 미치겠는가?

Box 2-8 가능성 발견과 의미 부여의 경청 사례연습 2

● 30대 중반 대학원생 ●

"코치가 되고 싶어 공부를 시작했는데 일을 완전히 그만둘 수는 없어요. 살림도 해야 하고 아이도 아직 어린데 시간이 너무 없네요. 여러 가지를 하다 보니 뭐 하나 제대로 하는 게 없는 것 같아서 힘이 들어요."

- 피코치에게는 어떤 성장욕구가 있는가? 그 욕구에 대해 가능성 발견의 경청반응을 한다면 어떤 말을 할 수 있겠는가?

- 피코치의 진술에서 어떤 꿈과 포부가 발견되는가? 발견한 꿈과 포부에 대해 의미 부여의 경청반응을 한다면 어떤 말을 할 수 있겠는가?

- 이러한 코치의 반응은 피코치에게 어떤 영향을 미치겠는가?

가능성 발견 반응과 의미 부여 반응의 특징은 두 가지 모두 미래지향적이라는 것이다. 피코치의 말을 들을 때 코치는 '이 사람이 왜 이러한 상태에 있는가?'라는 의문을 갖기보다 '이 사람이 어떻게 되기를 원하는가?'에 초점을 맞추면 적합한 경청을 하는 데 도움이 된다. 이러한 태도 역시 코칭의 정신, 즉 성장모델의 관점과 일맥상통한다.

4. 기본 스킬의 숙달 2: 전문적 안내

'전문적 안내(professional guidance)'라는 표현은 아마 현존하는 어떤 코칭 관련 자료에도 언급되어 있지 않은 생소한 개념일 것이다. 이 절에서 다루는 전문적 안내는 피코치의 탐색을 촉진할 수 있는 구조적인 틀을 제공한다든지, 적절한 답을 찾을 수 있도록 정보를 제공하는 코치의 역량을 의미한다. 코칭에서 거론되는 주제에 대해 코치가 아무런 사전지식이 없다든지, 코치가 피코치에게 아무런 정보도 제공하지 않고 '자, 이제부터 필요한 정보를 알아봅시다. 어디에서부터 시작하면 좋을까요?'라는 식의 질문만을 하는 것은 오히려 코치에 대한 피코치의 신뢰 수준을 떨어뜨리는 결과를 가져올 수 있다.

전문적 안내는 제1장에서 소개된 '코칭의 강의식 접근법'을 활용하는 구체적인 스킬이다. 특히 빠른 시간 안에 성과를 보여주어야 하는 비즈니스 코칭이나 많은 정보가 필요한 커리어 코칭에서는 전문적 안내 스킬이 더욱 유용하다.

탐색을 촉진하는 구조적인 틀을 제공하는 전문적 안내 스킬은 다음의 대화에서 보이는 예와 같다.

사례 1

피코치: 우리 팀의 성과를 개선하고 싶습니다.

코　치: 연구에 의하면 성과의 70%는 조직의 전략 및 업무 프로세스의 영향을 받고, 나머지 30%는 리더십과 인간관계의 영향을 받는다고 합니다. 팀의 성과를 개선하기 위해 ○○님은 어떤 측면의 개입이 시급하다고 보십니까?

사례 2

피코치: 제 강점을 잘 활용할 수 있는 직업을 찾고 싶습니다.

코　치: ○○님의 강점은 무엇인가요?

피코치: 글쎄요…… 저는 성실하고 책임감이 강합니다.

코　치: 강점이란 특별히 더 노력하지 않아도 다른 사람보다 빠른 속도로 높은 수준의 결과물을 낼 수 있도록 하는 힘입니다. 어떤 학자는 강점을 재능+지식+스킬이라고 정의했습니다. ○○님의 강점을 찾아내기 위해 이러한 관점에서 생각을 시작해 볼까요?

사례 3

피코치: 저는 이번에 새로 구성된 팀의 책임자입니다. 다양한 사람들이 모였는데, 어떻게 하면 이들이 빨리 새로운 팀의 미션을 제대로 이해하고 성과로 연결시킬 수 있을지가 고민입니다.

코　치: 새로운 팀이 만들어지면 forming-norming-storming-performing의 단계를 거칩니다. ○○님의 목표는 결국 팀이 performing 단계에 빨리 정착하는 것이라고 할 수 있습니다. 각 단계에는 고유한 양상이 있고 이를 해결하고 다음 단계로 넘어가기 위해서는 선결과제들이 있습니다. ○○님의 팀이 지금 어느 단계에 있는지 확인하고 다음 단계로 넘어가기 위해서 무엇이 필요한지 찾아보도록 하는 것이 어떻겠습니까? 혹시 다른 생각이 있다면 말씀해 주세요.

답을 찾아내기 위해 필요한 정보를 제공하는 전문적 안내 스킬의 예는 다음과 같다.

사례 ①

피코치: 어떤 전공을 선택해야 할지 잘 모르겠어요. 사람들은 제 적성에 맞는 전공을 선택하는 것이 중요하다고 하는데⋯⋯ 전 솔직히 제 적성이 뭔지도 잘 모르겠거든요.

코　치: 그렇구나. 전공을 잘 선택하는 것이 정말 중요하지. 그리고 적성은 저절로 알게 되는 건 아닌 것 같아. 마침 선생님이 알고 있는 적성검사가 있는데 한 번 해볼 생각이 있어?

사례 ②

피코치: 저는 시간관리가 필요합니다. 학생, 주부, 직장인의 1인 3역을 하느라고 매일 시간에 쫓기고 있습니다.

코　치: 시간관리의 기본은 중요한 일과 시급한 일을 기준으로 우선순위를 정하는 것입니다. (워크시트를 제시하며) 이 워크시트를 작성하면서 ○○님이 해야 하는 일들 또는 하고 있는 일들을 정리해 보는 데서 시작하면 어떨까요?

사례 ③

피코치: 이제는 포기하려고요. 전 안 되나 봐요. 더 이상 도전한다는 건 무리인 것 같아요.

코　치: ○○님과 비슷한 경우를 잘 극복한 사람의 예를 제가 알고 있는데 한 번 말씀드려 볼까요?

피코치: 네.

코 치: (사례 소개 후) 어떠세요? 제가 말씀드린 사례에서 ○○님이 유용하게 활용할 만한 것이 있을까요?

전문적 안내 스킬은 자신의 이슈에 대한 관련지식이 부족한 피코치에게 한 줄기 빛과 같은 영향을 미친다. 코치의 전문적 안내로 피코치는 어디서부터 시작해야 되는지를 결정할 수 있다. 이런 측면에서 보면 코칭 이슈에 대해 코치가 많은 지식을 가지고 있을수록 유리하다고도 할 수 있다. 중요한 것은 코치가 자신이 제공한 정보나 조언이 곧 정답이라는 생각을 하지 않는 것이다. 코치의 답들은 제시될 뿐이지 채택을 강요할 수 없으며 피코치자는 이를 자신만의 해답을 만들어 내는 데 자원으로 활용할 뿐이다. 따라서 코치는 전문적 안내 스킬을 활용할 때 피코치가 강요당한다는 느낌이 들지 않도록 태도와 표현에 주의를 기울일 필요가 있다. 이를 위하여 코치는 자신의 의견을 제시한 후 반드시 피코치의 견해를 물어야 한다. 이희경(2005)은 이를 '티칭과 코칭의 조합'이라고 명명한 바 있다.

Box 2-9에서 자신의 전문적 안내 스킬 역량을 점검해 보고 발전계획을 세워 보자.

Box 2-9 나의 전문적 안내 스킬 점검

1. 지금까지의 코칭경험을 되돌아보며 전문적 안내가 필요했던 순간들을 떠올려 보자. 어떤 상황인가?

2. 그 상황에서 피코치에게 도움이 될 수 있는 전문적 안내는 어떤 내용일까? 구체적으로 서술해 보자.

3. 내가 주로 만나는, 혹은 앞으로 주로 만날 피코치들에게 자주 발견될 만한 코칭 이슈는 어떤 것들일지 예측해 보자. 나의 잠재 피코치에게 질문해 보는 것도 좋은 방법이다.

4. 나의 전문적 안내 스킬의 향상을 위해 내게 시급히 필요한 지식의 영역을 다섯 가지만 찾아보자. 그리고 그 지식을 습득하기 위해 무엇부터 시작해야 하는지 결정한다.

COACHING PSYCHOLOGY WORKBOOK

제2부

변화과정으로서의 코칭

제3장
변화모델

행동의 변화란 점진적으로 이루어지는 과정을 거치며,
또한 이를 위해서는 개인이 여러 가지
특수한 과제를 수행해야 한다
(Prochaska & DiClemente, 1982).

이 장의 목표

1. TTM의 내용을 이해하고 코칭에 적합한 관점과 기법을 구분해 낼 수 있다.
2. 코칭은 어떤 변화과정을 거쳐 진행되는지를 알고 각 단계의 특징을 서술할 수 있다.

●●●

코칭은 개인의 변화를 돕는 행위다. 스포츠 코치는 선수의 '경기력 향상'이라는 변화를 돕고, 라이프 코치는 개인이 살아가면서 더 행복하게 변화할 수 있도록 돕는다. 또, 비즈니스 코치는 개인이 업무에서 더 효과적으로 기능하는 변화를 가져올 수 있도록 돕는다.

어떤 변화들은 자연적으로 일어나기도 하지만 또 다른 변화들은 결심을 하고 의도적으로 시도를 해야만 가능한 것도 있다. 어떤 사람들은 자신에게 필요한 변화를 잘 알아차리고 스스로 방법을 찾아 굳은 의지로 이를 실천해 나감으로써 '자기계발을 게을리하지 않는 사람', '늘 성장하는 사람'이라는 부러움을 사기도 하고, 또 다른 사람들은 자신에게 어떤 변화가 필요한지 잘 모르거나, 변화할 수 있는 방법을 찾지 못하거나, 혹은 방법을 알아도 이를 행동으로 옮기는 데 어려움이 있어 변화를 하지 못한다. 코칭은 일차적으로 후자의 사람들에게 꼭 필요하다. 이들은 코치의 도움을 받아 원하는 변화를 이루어 낼 수 있다.

이를 다른 말로 표현하면 코치는 한 개인에게 어떤 변화가 필요한지, 또 가장 적합한 변화방법은 무엇인지를 알아차리는 일을 도울 수 있어야 하며, 또한 그가 이미 알고 있는 변화방법을 보다 잘 실천할 수 있는 조건을 만들어 가는 것을 도울 수 있어야 한다. 변화에 관한 전문성이 있어야 하는 것이다. 물론 변화의 전문가가 모두 좋은 코치가 될 수는 없다. 하지만 변화의 전문가가 아니라면 좋은 코치가 될 가능성이 거의 없다고 해도 과언이 아니다. 즉, 변화에 대한 전문성은 좋은 코치의 충분조건은 아니지만 필요조건이다.

이 장에서는 James Prochaska와 Carlo DiClemente의 변화에 대한 초이론

적 모델(The Transtheoretical Model, TTM)과 이를 코칭에 적용한 코칭의 변화모델을 살펴볼 것이다.[1]

1. 변화에 대한 초이론적 모델[2]

심리학의 수많은 접근법이 인간의 변화에 대한 이론을 내놓았다. 행동주의자들은 보상(reward)이 행동을 변화시킨다고 주장하고 인지주의자들은 개인의 정보처리 과정을 바꿈으로써 변화가 가능하다고 제안한다.

임상심리학자로 중독행동을 개선시키는 데 관심이 있었던 Prochaska와 DiClemente(1982, 1994)는 중독으로부터 벗어나고자 하는 사람들을 관찰하고 연구한 결과, "행동의 변화란 점진적[3]으로 이루어지는 과정을 거치며, 또한 이를 위해서는 개인이 여러 가지 특수한 과제를 수행해야 한다."라고 결론지었다. 인간 변화의 '점진적'인 과정은 다음의 다섯 단계를 거친다.[4]

① 변화에 관한 이론을 더 알아보고 싶다면 『Intentional Change Theory』(Boyatzis, 2006)와 『Transition Model of change』(Bridges, 1986)를 참고하라.

② Prochaska와 DiClemente는 자신의 모델을 '변화에 관한 초이론적 모델'이라고 명명하였으나 통상 'Prochaska의 변화모델'이라고 불린다. 이 모델은 중독자들에 대한 연구를 기반으로 만들어져 있기에 모델에서 사용하는 전반적인 용어를 건강한 사람들을 대상으로 하는 코칭에 그대로 적용하는 데는 무리가 있다. 우리가 이 모델을 통해서 얻고자 하는 것은 변화에 대한 한 접근법을 이해하고자 하는 것이다. 이 절에서는 Prochaska, Norcross, & DiClemente의 1994년 저서 『Changing for Good』의 한국어 번역본인 『자기혁신 프로그램』을 주로 참고하였다.

③ 행동의 변화가 '점진적'인 과정이라는 것은 변화가 '양적' 으로 일어난다는 의미다. 양적인 변화란 키나 몸무게의 변화처럼 점점 늘어나거나 점점 줄어드는 변화이며, 이를 행동에 적용해 본다면 목표하는 행동을 점점 많이 하게 되면서, 즉 원치 않는 행동도 해 가면서 변화를 향해 가는 것이지 어느 날 갑자기 행동전환이 완벽하게 일어나는 것이 아니라는 뜻이다. 한순간에 일어나는 변화를 우리는 '질적 변화' 라고 한다. 결혼을 한다든지 가까운 사람을 잃는다든지 하는 환경의 변화나 2차 성징의 출현과 같은 것이 질적 변화의 예다. 코칭에서 일어나는 통찰도 질적 변화의 좋은 예가 될 수 있다.

- 전숙고 단계(precomtemplation stage)
- 숙고 단계(comtemplation stage)
- 준비 단계(preparation stage)
- 실행 단계(action stage)
- 유지 단계(maintenance stage)

Box 3-1은 변화의 다섯 단계가 연속적인 과정임을 보여주는 도식이다.

Box 3-1 TTM의 변화단계

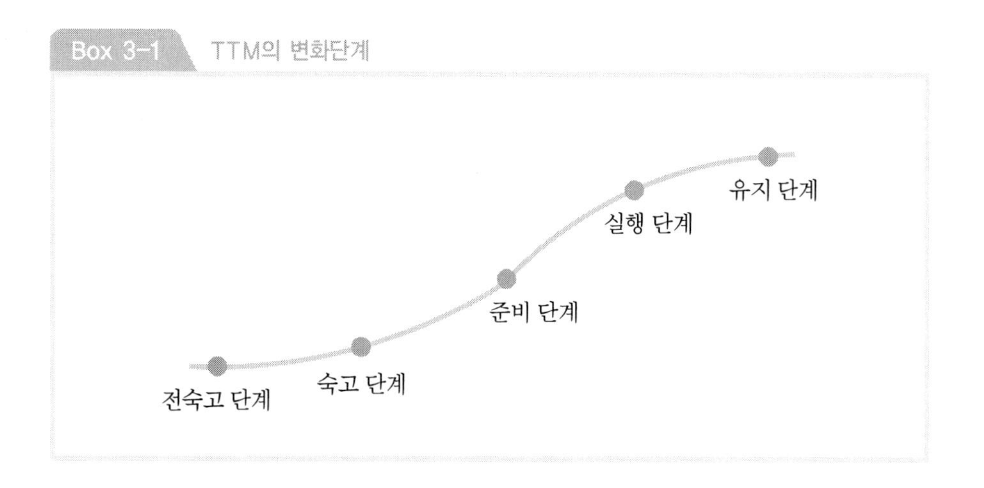

전숙고 단계 그들은 해법을 보지 못하는 게 아니라 문제를 보지 못한다.

어떤 행동에 대해 앞으로 6개월 이내에 변화를 시작할 마음이 없다면 우리는 그 사람이 그 행동에 대해 '전숙고 단계'에 있다고 본다. 이 단계에 있는 사람

④ Prochaska와 DiClemente 모델의 초기에는 마지막에 '종료 단계'를 더하여 전체 여섯 단계로 변화를 설명하였다. 그러나 '종료' 단계가 존재하는가?'라는 의문을 제기한(1994) 후로 대부분의 연구에서는 다섯 단계까지만 인용한다.

들은 종종 왜 변화해야 하는지 알지 못하고, 따라서 변화하고자 하는 의도도 없으며, 변화에 대해 이야기하기를 거부하거나 변화해야 한다는 말을 들으면 불쾌해한다. 전숙고 단계의 특징을 한마디로 표현하면, '변화에 대한 저항'이다.

코칭에서도 전숙고 단계에 있는 피코치를 만나게 된다. 주로 타의로 코칭을 받게 된 경우인데, 크게 네 가지 유형으로 분류된다. 첫 번째 유형은 자신의 문제행동에 대한 인식이 부족한 경우다. 예를 들어, '월급받고 일하는 것인데 잘하는 것이 당연하지 무슨 칭찬이 필요한가?' 라는 생각을 하는 리더를 가끔 보는데 이는 칭찬의 효과성을 인지하지 못해서다. 두 번째 유형은 자신의 문제행동에 대한 많은 지식을 가지고 자신이 변화할 필요가 없다는 이유들을 나열하는 경우다. '옆집 할아버지는 하루에 한 갑 이상의 담배를 피우고도 건강하게 백수를 누리셨다' 는 등의 사례를 들며 흡연의 폐해를 무시하는 사람을 예로 들 수 있다. 세 번째 유형은 문제를 해결하기 위해 여러 가지 시도를 해 보았으나 성공하지 못했거나 주변에서 성공사례를 보지 못하여 자신이 문제를 해결할 수 없다고 생각하는 경우다. '일하는 엄마들은 모두 죄책감에 시달린다. 나도 별수 없을 것이다. 죄책감 때문에 힘들지만 벗어날 수 있으리라고 생각하지 않는다' 는 태도를 가진 피코치가 그 예다. 마지막 유형은 자신의 문제를 다른 사람의 탓으로 돌리는 경우다. 예를 들어, '부하직원들이 좀 더 자기 역할을 잘 해주면 내가 더 큰 일을 할 수 있는데 그들의 역량이 부족하여 임원인 내가 팀장의 일까지 다 하고 있다' 고 생각하는 사람이 이 유형에 속한다.

Prochaska와 DiClemente는 이러한 유형을 각각 주저하는 전숙고자, 반항적 전숙고자, 포기한 전숙고자, 합리화 전숙고자라고 칭하였다.

전숙고 단계에 있는 피코치의 유형별 특징 및 전형적 반응을 Box 3-2에 요약하였다.

Box 3-2 전숙고 단계의 유형

유형	특징	전형적 반응
주저하는 전숙고자	자신의 문제행동에 대해 관련지식이 부족한 경우	왜 문제인지 알지 못한다.
반항적 전숙고자	자신의 문제행동에 대해 많은 지식을 가지고 있어 변화하지 않을 이유들을 나열하는 경우	변화하지 않아도 아무 문제없다.
포기한 전숙고자	동기 수준이 낮고 자신의 문제행동에 압도되어 있는 경우	노력해 봐도 별 수 없을 것이다.
합리화 전숙고자	자신의 문제가 타인 혹은 환경에 의한 것이라고 생각하고 논리적으로 그 이유들을 토론하고 싶어 하는 경우	문제는 환경과 타인이다.

숙고 단계 숙고한다는 것이 행동한다는 것은 아니다.

전숙고 단계에 있던 사람이 어떤 계기를 통해 문제를 인정하고 그 문제를 해결해 보고자 진지하게 생각해 보기 시작한다면 숙고 단계로 접어든 것이다. Prochaska와 DiClemente는 이 단계에서 나타나는 특징으로 '소망적 사고'와 '양가감정'을 들었다. 소망적 사고란 노력을 기울이지 않고도 원하는 상태가 되기를 바라는 마음이다. 예를 들어, '마음껏 먹고도 날씬해질 수는 없을까?', '내가 가만히 있어도 저 사람들이 변화한다면 얼마나 좋을까?'라는 식의 생각을 하고 이를 표현하는 것이다. 또한 양가감정이란 변화하고 싶은 마음과 변화하고 싶지 않은 마음 두 가지가 강력하게 자리 잡는 것이다.

'좋은 엄마가 되고 싶지만 그러기 위해서 남편이 나를 좀 더 인정해 주는 것이 필요하다. 또는 자녀가 좀 더 공부에 열중해 준다면 좋은 엄마가 될 수 있겠다' 와 같은 생각이 코칭의 숙고 단계에서 볼 수 있는 소망적 사고의 예다. 이는 전숙고 단계의 합리화 전숙고자의 사고특성과는 구분된다. 합리화 전숙고자는 '나는 아무 문제가 없고 그들만 변화하면 된다' 는 생각을 하지만 숙고 단계의 피코치는 '그들이 변하면 나도 변할 수 있다' 는 생각을 한다는 점이 다르다. 또한 양가감정을 가지고 있는 피코치는 변화를 원하지만 변화함으로써 잃어버릴 것에 대한 두려움이 해결되지 않은 상태다. '이렇게 다 권한위임을 하면 리더로서의 나의 역할은 무엇인가요?', '동기 강화를 위해 칭찬을 하면 지금의 그 상태에 머물러 있게 되지는 않을까요?' 등의 사고에 사로잡혀 변화에 대한 확신이 없는 경우다. Prochaska와 DiClemente는 양가감정을 해결하기 위해서 '결정의 저울(decisional balance)' 이라는 방법을 제안하였다. Tool 3-1은 결정의 저울의 예다.

결정의 저울 양식 샘플 Tool 3-1

모든 변화에는 얻는 것과 잃는 것이 있습니다. 지금 목표하는 행동변화와 관련하여 선뜻 결정하기가 망설여진다면 아래의 양식에 따라 생각을 정리해 보겠습니다.

행동변화에 성공함으로써 나타날 수 있는 결과를 예측해 봅니다.

	얻을 수 있는 것	잃을 수 있는 것
나에게 미치는 결과		
타인에게 미치는 결과		
나의 반응		
타인의 반응		

자, 이제 어떤 결정을 내릴 수 있습니까?

준비 단계 변화의 출발선에 서다.

변화에 대한 결심이 확고해졌다면 이제 구체적인 실행을 위한 준비 단계로 접어든다. 이 단계의 피코치는 변화의 필요성에 대해 더 이상 망설이지 않고 변화를 이루어 내기 위한 적절한 방법을 모색하는 데 전념하는 특징을 보인다. 여기서 '전념' 이란 문제를 극복하기 위한 행동을 취하겠다는 의지뿐 아니라 변화할 수 있다는 믿음까지 포함한다.

피코치가 코칭의 초기 단계에 코칭과 코치, 그리고 자신에 대한 탐색이 끝나고 오로지 변화방법을 찾는 데 몰두하고 있다면 그는 준비 단계에 이르렀다고 볼 수 있다. 여기서 중요한 것은 성취 가능한 목표와 실행 가능한 행동계획을 수립하는 것이다.

실행 단계 변화가 보이기 시작한다.

이 단계에서 사람들은 눈에 보이게 행동이 변화되며, 이를 위해 시간과 노력을 쏟아붓는다. 하지만 Prochaska와 DiClemente는 실행을 변화 그 자체로 생각해서는 안 된다고 경고하였다. "이렇듯 실행만이 문제극복의 유일한 단계가 아님을 기억하는 것은 매우 중요하다. 행동을 바로잡는 것이 가장 가시적인 변화형태임에는 틀림이 없으나, 그것만 가지고 변화가 완성되는 것은 결코 아니기 때문이다. 행동을 바꾸려는 사람은 인식과 감정, 자아에 대해 가지고 있는 이미지 그리고 생각도 함께 바꿔야 한다. 이 같은 변화는 대부분 행동을 바꾸는 실행 단계에 앞서 일어난다." (강수정, 2007: 52)

코칭에서도 마찬가지다. 주변 사람들이 피코치의 변화를 인지하게 되더라도 한두 번 변화행동을 보인다고 해서 변화에 성공한 것이 아니며 예전의 행동을 다시 하게 되었다고 해서 변화에 실패한 것도 아니다. 실행 단계에서는 변화가 점진적인 과정이라는 생각을 하면서 작은 성공경험들을 소중히 여김으로써 자신감을 충전하고 변화행동의 횟수를 늘리는 것을 목표로 하는 것이 좋다.

유지 단계 흔들려도 계속한다.

유지 단계에서는 변화에 반대되는 충동이 더 이상 일어나지 않거나, 일어나더라도 이를 이길 수 있는 에너지가 있다는 특징이 있다. 변화가 생활의 일부로 정착되는 것이다. 하지만 실수할 수 있는 가능성은 언제나 존재한다.

코칭은 단기 개입인 경우가 많으므로 유지 단계에 충분한 기간을 할애하기 어렵다. 따라서 피코치가 코칭 중에 경험한 변화행동을 지속해 나갈 수 있는 장치를 만드는 것이 필요하다.

Prochaska와 DiClemente는 변화를 촉진할 수 있는 개입과정으로 의식의 고양, 사회적 해방, 정서적 각성, 자기 재평가, 전념, 대항, 환경통제, 보상, 주변의 도움의 아홉 가지를 제안하면서, 변화의 각 단계마다 적합한 개입방법을 추천했는데 Box 3-3과 Box 3-4에 그 자세한 내용을 제시하였다.

Box 3-3 변화과정과 기법

과정	목표	기법
의식의 고양 Consciousness raising	자아와 문제에 대한 정보를 늘린다.	관찰, 직시, 해석, 독서요법
사회적 해방 Social liberation	문제를 감소시킬 사회 차원의 대안을 늘린다.	피억압자의 권리옹호, 권한부여, 정책개입
정서적 각성 Dramatic relief	자신의 문제와 해결책을 경험하고, 느낌을 표현한다.	사이코드라마, 상실의 애도, 역할극
자기 재평가 Self reevaluation	문제와 관련해서 자신에 대한 느낌과 생각을 분석한다.	가치명료화, 심상, 교정감정 경험
전념 Self liberation	행동을 선택해서 전념한다. 또는 변화의 능력을 믿는다.	의사결정치료, 새해의 결심, 의미치료
대항 Counterconditioning	문제행동을 대안행동으로 대체한다.	이완, 둔감화(탈감각), 자기주장, 긍정적인 자기진술
환경통제 Stimulus control	문제행동을 유발하는 자극을 피한다.	환경재구성(술이나 살찌는 음식 등의 제거), 고위험 신호 회피
보상 Contingency management	변화에 대해 자신에게 보상하거나 타인에게서 보상을 받는다.	조건부 계약, 공공연하거나 은밀한 강화
주변의 도움 Helping relationship	관심을 기울이는 누군가의 도움을 동원한다.	치유적 연대, 사회적 지지, 자조모임

출처: 강수정(2007), p. 37.

Box 3-4 단계별로 가장 유용하게 활용되는 변화의 과정

전숙고	숙고	준비	실행	유지
의식의 고양	→			
사회적 해방	→	→		
	정서적 각성	→		
	자기 재평가	→		
		전념	→	→
			보상	→
			대항	→
			환경 통제	→
			주변의 도움	→

출처: 강수정(2007), p. 63.

변화를 원하는 사람은 자신이 극복하고자 하는 문제와 관련해서 자신이 어떤 단계에 있는가부터 알아야 하는데, 다음은 자신이 어느 단계에 있는지를 파악하기 위한 문장들이다(강수정, 2007: 79 재구성). 자신의 문제 하나를 떠올리고 그 문제에 대한 자신의 행동 또는 태도를 다음의 각 문장에 대해 '그렇다', '아니다'로 대답해 보자.

1. 나는 내 문제를 여섯 달 전에 해결했다.
2. 나는 지난 여섯 달 사이에 문제해결을 위한 행동을 취했다.
3. 나는 다음 달 안으로 실행에 들어갈 생각이다.
4. 나는 앞으로 여섯 달 안에 행동을 취할 예정이다.

1, 2, 3, 4번 전부 '아니다' : 전숙고 단계,

1, 2, 3번이 '아니다' 이고 4번만 '그렇다' : 숙고단계,

1, 2번이 '아니다' 이고 3, 4번이 '그렇다' : 준비단계,

1번만 '아니다' 이고 2, 3, 4번이 '그렇다' : 실행단계,

1, 2, 3, 4번 모두 '그렇다' 이면 유지 단계에 도달한 것이다.

2. 코칭의 변화모델

Prochaska와 DiClemente의 TTM은 코치들에게 시사하는 바가 많다. 이 모델은 새로운 피코치를 만났을 때 그가 자신의 코칭목표와 관련하여 변화과정 중 어느 단계에 있는지 파악할 수 있는 지침이 되고, 단계별로 유용한 개입방법에 대한 아이디어도 얻을 수 있게 한다.

우리는 코칭에서의 변화가 Prochaska와 DiClemente의 제안과 같이 점진적으로 일어난다고 믿는다. 물론 코칭에서는 통찰이 중요하고 앞에서 언급한 대로 이것은 질적 변화다. 하지만 통찰은 행동변화로 이어지고, 통찰로 인한 변화된 행동을 하는 중에는 통찰 이전의 행동도 나타날 수 있다. 통찰에서 얻은 확신조차도 시간이 지남에 따라 혹은 주변의 반응에 따라 흔들릴 수 있다. 그럼에도 TTM의 다섯 단계를 코칭에 그대로 적용할 수는 없다고 보는데, 가장 중요한 이유는 TTM이 중독행동의 변화과정에 대한 연구에서 도출된 모델이라는 점 때문이다. 건강한 사람들을 대상으로 하는 코칭은 중독행동에 대한 상담개입과 비교하여 다음과 같은 두 가지 큰 차이점이 있다.

① 피코치가 보다 능동적이다.

② 상대적으로 단기간의 개입이다.[5]

앞에서와 같은 코칭의 특성을 고려하여 이 절에서는 변화준비 단계, 변화시도 단계, 변화성취 및 확장 단계의 세 단계로 구성된 코칭의 변화모델을 제안하고자 한다.

변화준비 단계

자의에 의해서건 타의에 의해서건 코칭받기에 동의한 사람이면 성장 혹은 교정을 목표로 삼고 변화를 위한 출발을 한 것이다. 하지만 코칭을 시작한 피코치가 모두 Prochaska와 DiClemente의 모델에서 말하는 준비 단계에 있지는 않다. 코칭 초기의 피코치들은 앞 절에서 살펴본 대로 전숙고 단계, 숙고 단계 그리고 준비 단계의 특징을 가진 사람들이 모두 포함된다. 그러나 일단 코칭을 시작한 모든 사람이 코칭의 변화모델의 틀에서 변화준비 단계에 있다고 간주한다. 코치는 피코치의 준비도에 관계없이 코칭을 이끌어 나가야 하기 때문이다.

코칭 초기의 피코치는 코칭에 대한 기대감과 거부감이라는 상반된 감정을 동시에 느끼게 된다. 코칭이라는 기회를 활용하여 뭔가 좀 달라질 수 있을지도 모른다는 기대감도 있는 반면, 새로운 것을 기존의 생활양식 속에 받아들여야 한다는 부담감 및 코칭이라는 새로운 방법이 과연 나에게 적합할까라는 의심이 코칭에 대한 일종의 거부감을 유발하는 것이다. 따라서 피코치는 한편으로 변화와 자기 탐색에 대한 동기로 충만하기도 하고, 다른 한편으로는 이에 대한 부담감으로 소극적인 태도를 보일 수도 있다. 코치는 이러한 피코치의 양가감정을 잘 이해하고 이를 해결하는 데 초점을 맞추어야 한다.

이 단계에서 가장 먼저 다루어야 할 과제는 피코치가 코칭에 대해 정확하게

⑤ 코칭 프로그램이 몇 번의 세션으로 구성되는 것이 적절한지에 대해서는 아직 합의에 이르지 못한 것으로 보인다. 비즈니스 코칭의 경우 10회 내외의 세션으로 구성되는 것이 일반적이다. 이 장에서는 코칭 개입의 표준을 10회 세션으로 가정하였다.

이해하고 이를 자신에게 적합한 변화 방법론으로 수용할 수 있도록 돕는 것이다. 피코치가 진심으로 코칭과정에 자신을 맡기는 자세를 갖추는 단계라 할 수 있다. 다음으로는 변화의 주체는 자신이라는 깨달음, 즉 환경이나 타인에 관한 불만과 소망은 자신의 영향력 밖에 있는 부분이므로 잊어버리고 원하는 변화를 위해서 내가 할 수 있는 일에 집중해야 한다는 태도를 확립하는 것이 중요하다. 우리는 이를 '변화에 대한 주도적 태도'라고 부르기로 한다. 변화에 대한 주도적인 태도가 갖추어지고 나면 피코치의 변화지향점을 구체화하는 작업이 주요 이슈로 떠오른다. 코칭에서 '목표설정'이라 칭하는 부분이다. 코칭목표는 그것을 문장으로 진술했을 때 피코치의 가슴이 뛰는 것이어야 한다. 피코치의 개인적 · 사회적 가치와 부합하여 '나는 이렇게 되기를 진심으로 원한다'라는 생각이 들어야, 즉 피코치의 동기 수준이 높아야 달성될 가능성이 높다. 그리고 기본적으로 이 모든 과정을 원활하게 만드는 것은 코치와 피코치의 신뢰관계다. 피코치가 코치를 신뢰할수록 그리고 코치가 피코치를 신뢰할수록 변화준비 단계에서의 작업이 효과적으로 진행된다.

하지만 코치와 피코치의 신뢰관계 형성을 촉진하는 요소에 대해서는 아직 이렇다 할 연구결과가 없다. 코칭의 인접 영역인 상담심리학에서는 이를 '상담자 효과'라 부른다. 코칭에 비해 훨씬 긴 역사를 가지고 있는 상담에서도 상담자에 대한 내담자의 신뢰를 강화하는 것이 무엇인지 검증된 원리를 제공하지 못하는 실정이다. 이러한 상황에서 우리는 경험 혹은 직관으로 다음과 같은 요소들이 코치와 피코치의 신뢰관계 형성에 영향을 미칠 것이라고 유추할 수 있다.

① 코치의 성품(character)

② 전문성(professionalism)

③ 쌍방의 성격특성 적합성(goodness of fit)

결국, 코치-피코치 신뢰관계는 앞에서 언급한 작업들을 진행하면서 상호작용을 통해 형성되는 것 같다. Box 3-5는 변화준비 단계의 과제들을 도식화한 것이다.

Box 3-5 변화준비 단계의 과제

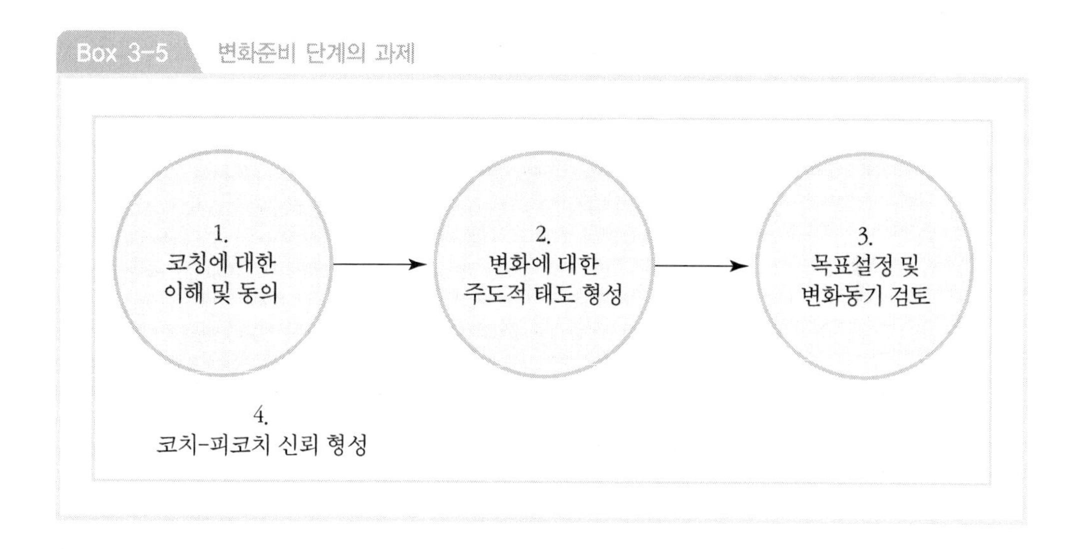

코칭의 모든 단계가 마찬가지지만 변화준비 단계는 특히 중요하다. 이 단계의 목표 중 하나가 피코치로 하여금 최대한 빨리 변화를 위한 준비를 마치고 다음 단계로 넘어갈 수 있도록 돕는 것인 동시에, 변화준비를 '철저히' 해서 다음 단계가 효과적으로 진행될 수 있는 기반을 마련하는 것이기 때문이다. 코치는 '빨리'와 '철저히'라는 상반되는 듯한 두 과업을 어떻게 조화시킬지에 대한 많은 고민이 필요하다. 10회 세션의 코칭을 진행한다고 가정할 때 변화준비 단계는 초기의 2세션, 최대 3세션을 할애하는 것이 바람직하다.

변화시도 단계

변화준비 단계의 과업이 해결되고 나면 코칭은 이제 변화시도 단계로 발전한다. 변화시도 단계라고는 하지만 모든 코칭 세션은 코치와 피코치가 마주 앉

아 일정한 목표를 탐색하여 행동계획을 세우는 것이므로 엄밀히 말하면 이 단계의 세션 자체는 변화행동을 위한 계획을 구체화하고, 이미 시도한 행동들에 대해 모니터링을 하는 시간이다. 피코치의 변화시도 행동은 세션과 세션 사이에 피코치의 주도로 이루어진다. 그럼에도 이 단계의 세션이 변화준비 단계의 세션과 구분되는 점은 피코치가 더 이상 변화를 망설이지 않고 행동계획을 곧 실천할 준비를 끝냈다는 점이다.

변화시도 단계의 과제는 두 가지로 나타나는데, 첫째는 '작은 성공경험의 누적'이고, 둘째는 '자기효능감의 상승'이다. 이 단계는 TTM의 실행 단계와 유사한 특징은 갖는다. 즉, 피코치는 많은 시간과 에너지를 쏟아 변화된 행동을 수행한다. 하지만 한 번 성공했다고 해서 변화가 성취된 것은 아니며 언제든 과거의 행동으로 돌아갈 가능성이 있으므로 변화행동을 계속하고자 하는 의식적인 노력이 필요하다. 이 의식적인 노력은 변화행동을 실천하여 거둔 작은 성공들을 축하하고 의미를 부여하는 과정에서 유지될 수 있다. 자기효능감이란 개인이 스스로 상황을 극복할 수 있고 자신에게 주어진 과제를 성공적으로 수행할 수 있다는 신념이나 기대를 말한다(Bandura, 1997). 코칭목표에 대한 자기효능감은 세션목표들이 성취되면서, 즉 작은 성공경험들이 누적되면서 상승한다. 이처럼 자기효능감의 상승은 성공경험의 누적과 불가분의 관계에 있지만 이 단계에서 이들을 분리하여 각각의 과제로 삼은 것은 성공경험과 이를 통한 자신에 대한 인식의 변화, 즉 자기효능감의 상승은 다른 차원이며 코치는 이를 구분하고 코칭에서 이를 확인하는 작업을 해야 하기 때문이다.

변화를 시도하는 피코치에게 필수적인 것은 적합한 행동계획이다. 하지만 이전과는 다른 행동을 시도하는 경우 피코치는 오히려 전보다 수행이 저하되는 경험을 할 수도 있다. 새로운 행동에 본인과 타인들이 적응하는 데는 시간이 필요하기 때문이다. 코치는 이러한 현상이 나타날 경우를 예고하고, 이에 대한 대책을 마련하는 데 도움을 준다. 아주 드물게 피코치는 행동실행의 지연을 경험할 수도 있다. '무엇을 어떻게 해야 하는지 알고, 그렇게 하고 싶은 마음도 있는데 왠지 행동을 하게 되지 않는다' 는 상태가 되는 것이다. 이 경우에는 목표에 대한 동기 수준을 다시 한 번 점검해 볼 필요가 있다.

변화시도 단계는 다회 세션의 코칭 프로그램의 핵심이다. 10회 세션의 프로그램의 경우 6~7세션을 변화시도 단계로 진행한다.

변화성취 및 확장 단계

변화시도 단계의 두 가지 과제인 코칭목표와 관련된 작은 성공경험들의 누적과 자기효능감의 상승을 경험했다면 코칭은 종결을 위한 변화성취 및 확장 단계로 접어든다. 변화성취 및 확장 단계에는 '성공패턴의 발견'과 '변화된 자아상의 확립' 그리고 '변화행동의 일반화'라는 세 가지 과제가 있다.

변화성취 및 확장 단계에서는 많은 에너지를 쏟아 달라진 행동을 계속 시도해야 하는 변화시도 단계와는 달리 그간의 노력을 검토하여 어떤 조건이 갖추어졌을 때 내게 가장 효과적인 변화가 일어나는지를 탐색한다. 이것이 변화성취 단계의 첫 번째 과제인 '성공패턴의 발견'이다. 또한 변화된 행동을 지속해 나갈 수 있다는 자신감은 '나는 이제 예전의 내가 아니다' 라는 생각을 하게 만든다. 이렇게 자신에 대한 인식이 달라지는 것이 '변화된 자아상의 확립'이며, 변화성취 단계의 두 번째 과제다. '변화행동의 일반화'란 코치와 함께 경험한 변화의 과정을 이제 혼자서도 다른 영역에 적용할 수 있게 되는 것이다. 이는 변화의 확장이며, 타인의 코치가 될 수 있는 기반이 되기도 한다.

변화성취 및 확장의 초기 단계에서도 피코치는 양가감정을 경험한다. 변화된 행동을 계속 유지해 나갈 수 있다는 자신감과 또다시 예전으로 돌아갈지도 모른다는 불안감을 동시에 느끼는 것이다. 코치는 피코치의 변화에 대한 자신감이 안정적인 것이 될 수 있도록 도와야 한다. 그리고 마지막으로 코칭의 성과를 점검하며 코칭 프로그램 전체를 마무리한다.

10회 세션으로 진행되는 코칭의 경우 변화성취 및 확장 단계는 1~2세션을 할애할 수 있다.

Box 3-6에 코칭의 변화모델을 요약하였다.

Box 3-6 코칭의 변화모델

	단계 1 변화준비	단계 2 변화시도	단계 3 변화성취 및 확장
과제	1. 코칭에 대한 이해 및 동의 2. 변화에 대한 주도적 태도 형성 3. 코칭목표 설정 및 변화동기 확인 4. 코치-피코치 신뢰 형성	1. 작은 성공경험의 누적 2. 자기효능감의 상승	1. 성공패턴의 발견 2. 변화된 자아상의 확립 3. 변화행동의 일반화
개입 방법	1. 코칭과 코칭 프로세스에 대한 명확한 설명 2. 적합한 진단의 활용 3. 각종 워크시트 활용	1. 코칭목표와 관련된 세션 목표의 수립 2. 관점의 전환에서 도출된 행동계획 3. 'plan-do-see' cycle	1. 코칭의 성과에 대한 면밀한 점검 및 의미 부여 2. 변화의 유지, 확장을 위한 향후 계획
피코치 반응	〈긍정적〉 1. 기대감, 호기심, 열정 2. 성장 및 자기탐색에 대한 동기유발 〈부정적〉 1. 두려움, 회의/의심, 부담감 2. 시간에 대한 압박감	〈긍정적〉 1. 실행욕구 충만/도전의식 2. 행동계획의 실행에 전념 〈부정적〉 1. 일시적 수행 저하 2. 행동 지연	〈긍정적〉 1. 성취한 변화를 지속시킬 수 있다는 자신감 2. 다른 영역에서의 변화에 대한 자신감 〈부정적〉 1. 실수에 대한 긴장감 2. 변화의 지속성에 대한 불안감

Box 3-7은 TTM과 코칭의 변화모델을 비교해 볼 수 있도록 제시한 것이다. TTM은 행동 단계 이전이 강조되어 있고, 코칭의 변화모델은 목표성취 이후에 '확장적 적용'이라는 개념을 도입함으로써 보다 성장지향적인 관점으로 코칭이 종료된다는 특징이 있다.

Box 3-7 TTM과 코칭의 변화모델 비교

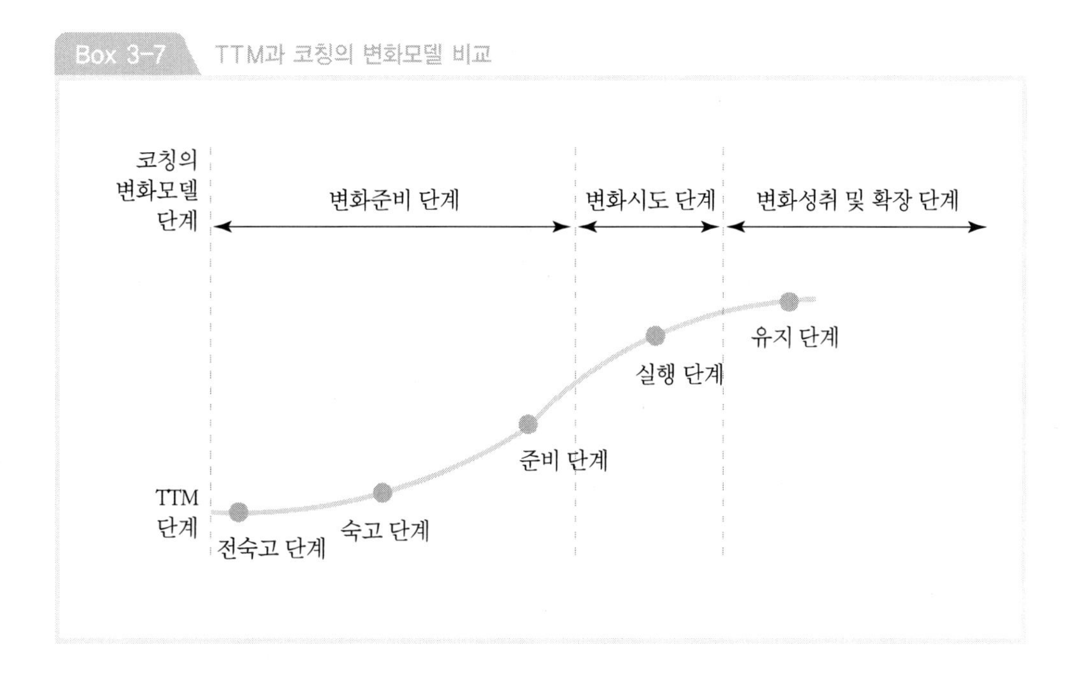

제4장

단계 1: 변화준비

인간은 새롭고 도전적인 상황에서 불안과
호기심을 동시에 느끼게 되는데,
이 불안과 호기심의 강도는 새로운 자극의 네 가지 속성,
즉 새로움, 복잡성, 불확실성, 모순성에 비례한다
(Miller & Rollnick, 2002).

이 장의 목표

1. 변화준비 단계의 과제에 대해 설명할 수 있다.
2. 피코치가 각 과제를 해결하도록 도움을 줄 수 있다.
3. 초기 세션을 효과적으로 진행할 수 있다.

코칭의 시작인 변화준비 단계의 목표는 피코치가 원하는 변화를 향해 매진할 준비를 마치고 다음 단계인 변화시도로 이동할 수 있도록 돕는 것이다. 피코치가 다음 단계로 이동할 준비가 되었는지는 이 단계의 과제가 모두 해결되었는지 점검해 보면 알 수 있다. 앞 장에서 언급한 대로 변화준비 단계의 과제는 다음의 네 가지다. 첫째, 코칭에 대한 이해 및 동의; 둘째, 변화에 대한 주도적 태도 형성; 셋째, 코칭목표 설정[1] 및 변화동기 확인; 넷째, 코치-피코치 신뢰형성.[2] 이 장에서는 이 변화준비 단계의 과제들과 관련된 현상을 이해하고 과제 달성을 촉진하는 방법에 대해 알아볼 것이다.

코칭의 시작 단계에서 코치는 개인적 · 환경적 특성이 매우 다양한 피코치를 만나게 된다.[3] 코치는 특정 피코치와의 코칭을 어디서부터 시작해야 하는지를

❶ 코칭에는 두 가지 종류의 목표가 있다. 하나는 다회코칭 전체에 영향을 미치는 '코칭목표' 이고, 다른 하나는 각 세션이 진행될 때마다 수립되는 '세션목표'다. 세션목표들은 코칭목표를 구체화하는 과정에서 수립되고, 코칭목표는 세션목표들이 달성됨으로써 성취된다. 예를 들어, '부하직원의 동기강화'라는 코칭목표는 '건설적 피드백 스킬 강화', '효과적인 육성면담', '업무 외의 사적인 교류' 등의 세션목표들에 따라 달성될 수 있다.

❷ 코치와 피코치 간의 신뢰관계가 코칭의 효과성에 중요한 영향을 미친다는 사실은 직관적으로는 이론의 여지가 없다. 하지만 코치-피코치 신뢰 형성에 대한 근거자료를 찾기 어려워 이 장에서 이에 대한 논의는 제외하고자 한다. 코치들의 경험을 들어보면, 코칭에 들어가기 전에 개인적인 정보를 나누고 관심을 표현함으로써 신뢰를 형성할 수 있다는 의견도 있고, 변화준비 단계를 진행하는 과정에서 코치의 전문성을 보여줌으로써 신뢰 형성이 가능하다는 의견도 있다.

❸ 특히 피코치가 어떤 맥락에서 코칭을 받게 되었는가에 따라 코칭 초기에 고려해야 할 사항이 달라지고, 활용할 수 있는 기법도 다양하다. 10회 코칭을 진행한다고 가정할 때 2회 세션 내외, 적어도 3회차 세션까지는 코칭 준비 단계를 마무리하기 위해서 코치는 상당한 집중력이 필요하다.

파악하여 적합한 개입을 선택한다. 이것은 마차 혹은 택시가 고객이 있는 곳에서 출발하는 것과 같은 이치다. Box 4-1에 변화준비 단계의 과제들을 해결하기

Box 4-1 변화준비 단계의 개입방법

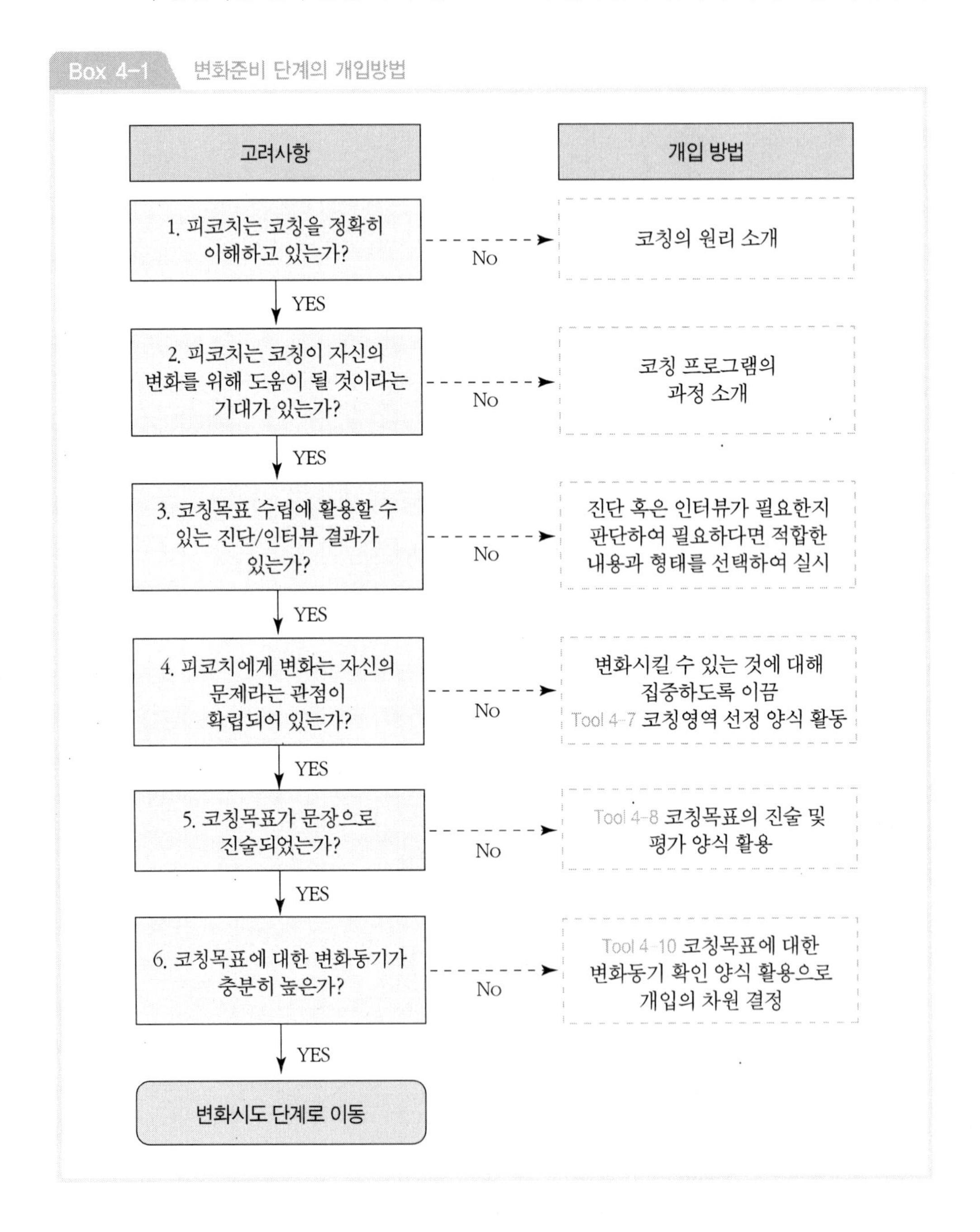

위한 순서와 개입방법 선택을 요약한 도식을 소개하였다.

1. 코칭에 대한 이해 및 동의

첫 세션에서 코치는 피코치가 코칭을 어떻게 이해하고 있는지, 혹은 코칭의 방법론을 어느 정도 수용하고 있는지를 알아보기 위해 다음과 같은 질문을 활용할 수 있다.

① "코칭을 시작한 것에 대해 어떤 기분이십니까?"
② "코칭에 대해 어떤 생각을 해보셨습니까?"
③ "코칭과 관련하여 어떤 경험이 있으십니까?"
④ "코칭을 시작하면서 기대도 있을 텐데 말씀해 주십시오."
⑤ "코칭에 대해 궁금한 것이 있으면 편하게 말씀해 주십시오."

만약 위와 같은 질문에 대답을 하는 데 피코치가 망설임이 있다면, 그것은 그가 코칭에 대해 충분히 이해하지 못했거나, 코칭을 받는 것에 대한 불편함이 있다는 의미다. 그래서 코치가 한 피코치를 놓고 Box 4-1의 첫 번째 질문과 두 번째 질문을 적용했을 때 '아니요' 라는 답을 생각하게 된다면, 변화준비 단계의 첫 번째 과제인 '코칭에 대한 이해 및 동의'의 해결부터 시작한다.

자의에 의해서건 타의에 의해서건 코칭이라는 새로운 경험을 시작한다는 것은 새롭고 도전적인 상황이다. 인간은 이 같은 상황에서 불안과 호기심을 동시에 느끼게 되는데, 이것의 강도는 새로운 자극의 네 가지 속성, 즉 새로움, 복잡성, 불확실성, 모순성에 비례한다(Miller & Rollnick, 2002). 따라서 피코치가 코칭에 대해 느끼는 불안감 혹은 거부감은 어찌 보면 당연한 것이다. 이러한 반응을 보이는 피코치는 다음과 같은 생각을 할 수 있다.

① "코칭이 뭐지? 코치가 누군데 나를 변화시킬 수 있다는 것이지?"
② "코칭이 좋다는 것은 알겠는데, 이것이 과연 나에게도 도움이 될까?"
③ "뭔가 변화를 해서 더 나아진다면 좋기는 하겠지만 내가 그럴 필요가 있나?"
④ "지금도 바빠서 정신이 없는데 코칭까지 받아야 하나?"
⑤ "코칭을 통해서 내가 얻을 수 있는 것이 구체적으로 뭐지?"

이러한 피코치의 생각은 코치의 입장에서 보면 당황스러울 수 있지만, Miller와 Rollnick의 견해에 따라 피코치가 코칭에 대해 느끼는 새로움, 복잡성, 불확실성, 모순성을 줄이고 코칭에 대해 편안한 마음을 가질 수 있게 돕는 것이 필요하다. 다음과 같은 내용을 소개하는 것이 도움이 된다.

① 코칭의 원리
② 코칭으로 변화에 성공한 보통 사람들의 사례
③ 앞으로 전개될 코칭 과정
④ 코칭이 끝났을 때 얻을 수 있는 결과물
⑤ 코치와 피코치의 역할

이 중 코치가 특히 주의를 기울여야 하는 것은 코칭의 원리를 소개하는 부분이다. 새로운 개념인 코칭을 '잠재력 계발', '강점의 활용', '파트너십' 등의 추상적인 단어들을 사용하여 설명하는 경우 피코치의 혼란을 가중시킬 수 있다. 코치는 코칭을 보다 구체적인 내용으로 '쉽게' 설명해 낼 수 있는 준비를 해 두는 것이 좋다. Box 4-2에 코칭을 설명하는 방법의 예를 제시하였다. 물론 이 예시들은 피코치의 특성에 따라 적합할 수도 있고 아닐 수도 있다. 본인이 주로 만나는 피코치의 특성을 고려하여 자신만의 설명방법도 작성해 보자.

Box 4-2 코칭에 대한 설명 예시

예시 1.

"세상에는 두 가지 종류의 대화가 있습니다. 하나는 '탁구 대화'입니다. 두 사람이 마주보고 상대의 빈 곳을 찌르는 대화입니다. 일상 속에서의 많은 대화가 이 탁구 대화지요. 다른 하나는 '공굴리기 대화'입니다. 두 사람이 같은 목표를 향해 협동하여 나아가는 대화입니다. 코칭은 바로 공굴리기 대화입니다. 목표가 세워지면 저는 ○○님과 함께 그 목표에 도달할 방법을 찾을 것입니다."

예시 2.

"코칭을 받으면 대략 세 가지 현상이 일어납니다. 첫째는 ○○님이 이미 가지고 계신 지식과 기술이 다른 방법으로 조합되는 현상입니다. 아마도 ○○님은 이미 본인의 변화 혹은 성장에 활용될 수 있는 많은 지식과 기술을 가지고 계실 것입니다. 이에 대해 코치와 대화를 나누면서 다른 관점을 적용시킬 수 있습니다. 둘째는 성장에 필요한 잃어버린 조각들이 발견되고 채워진다는 것입니다. ○○님의 잃어버린 조각은 보다 체계적인 지식일 수도 있고, 객관적인 피드백일 수도 있고, 또 다른 무엇일 수도 있습니다. 코치는 ○○님의 잃어버린 조각을 찾는 것을 돕고 이를 채워 완성된 그림을 가질 수 있게 도와드릴 것입니다. 셋째는 변화를 위한 행동을 할 수 있도록 시스템이 마련된다는 것입니다. 많은 사람이 변화는 본인의 의지에 달려 있다고 믿고 있습니다. 하지만 의지에만 기대어 변화를 모색하는 것보다 이를 위한 시스템을 마련할 때 훨씬 효과적인 변화를 이루어 낼 수 있습니다. 다이어트를 위해 그릇을 작은 것으로 바꾸는 것과도 같습니다. 이 세 가지, 즉 이미 가지고 있는 지식들의 새로운 조합, 잃어버린 조각의 보충, 변화의 시스템 마련이 코칭입니다."

나만의 설명 작성해 보기

2. 진단 및 인터뷰 결과의 활용[4]

코칭 초기에는 피코치의 특성을 파악할 수 있는 진단(assessment)이나 피코치 주변 사람들의 의견을 구하는 다면(多面)인터뷰를 실시할 수 있다. 때로 진단도 경우에 따라서 다면으로 진행하기도 한다. 코치가 직접 진단 및 인터뷰를 실시하는 경우도 있지만, 이미 다른 주체가 진단 및 인터뷰를 실시하여 코치에게 그 결과를 전달하는 경우도 있다.

코칭에서 진단 및 인터뷰 기법을 활용하는 데는 두 가지 목적이 있다. 하나는 피코치의 특성에 대한 객관적인 정보를 토대로, 코치는 피코치에 대한 이해의 폭을 넓히고 피코치는 자신에 대한 인식를 향상시키는 것이다. 다른 하나는 진단과 인터뷰의 결과를 코칭목표 수립에 활용하는 것이다.[5] 이 절에서는 일반적인 진단과 다면진단 결과의 디브리핑(debriefing) 요령과 다면인터뷰를 실시하는 요령을 중점적으로 알아본다.

진단결과의 디브리핑

코치에 의해 진단이 실시되었건 이미 실시한 진단의 결과가 주어졌건 간에 코치는 피코치가 진단결과를 이해하고 이를 코칭목표와 연결시킬 수 있도록 도

④ '진단 및 인터뷰 결과의 활용' 이 변화준비 단계의 과제는 아니다. 하지만 코칭에서 진단이나 인터뷰를 실시하는 경우가 종종 있고 이 결과를 코치가 어떻게 다루느냐는 이 단계의 두 번째와 세 번째 과제인 '변화에 대한 주도적 태도 형성' 과 '코칭목표 설정 및 변화동기 확인' 에 영향을 미친다. 이 부분을 능숙하게 다룰 수 있는 코치의 능력은 매우 중요하므로 이 절에서 살펴본다.

⑤ 진단은 성격진단과 역량(competency)진단으로 나뉜다. 코칭에서 성격진단(MBTI나 DiSC 등)의 결과는 피코치에 대한 이해의 수준을 높이는 데 주로 활용된다. 성격진단의 결과로 목표를 도출하지 않는 것이 바람직한데, '성격의 변화' 가 코칭의 목표는 아니기 때문이다. 목표수립에 영향을 미치는 것은 역량진단의 결과다. 성격진단의 결과는 역량진단의 결과로 도출된 목표를 성취하기 위한 방법을 찾는 데 활용한다.

움을 주어야 한다. 이를 위해 코치는 먼저 사용된 진단도구가 첫째, 무엇을 측정하고 있고, 둘째, 각 하위척도의 의미가 무엇인지 피코치에게 설명할 수 있어야 한다.

Tool 4-1은 리더의 코칭리더십 진단지 중의 하나다.[6] 본인의 경우를 생각하며 진단을 실시하고, Tool 4-2의 지시문에 따라 결과표를 작성해 본다. Box 4-3에 이 도구가 측정하는 코칭리더십의 네 가지 구성요소를 요약하였다. Box 4-4는 진단 결과의 샘플이다.

⑥ 이 절에서 인용하는 코칭리더십 진단지는 조은현(2010)의 박사학위 청구논문에서 개발된 척도를 재구성하였다.

코칭리더십 진단지 Tool 4-1

코칭리더십 자기진단 테스트

다음은 귀하 자신에 관한 문항들입니다. 각각의 문항을 잘 읽어 보시고 귀하가 생각하기에 현재 자신과 가장 비슷하다고 판단되는 정도를 숫자로 표시해 주십시오. 유사한 문항이 나오더라도 개의치 마시고 귀하의 판단이나 의견, 느낌에 따라 생각되는 정도를 솔직하게 응답하시면 됩니다.

점수	1	2	3	4	5
내용	전혀 그렇지 않다	그렇지 않다	보통이다	그렇다	매우 그렇다

번호	문항	점수
1	부하직원의 강점과 우수성을 인정한다.	
2	부하직원에게 기대하는 바가 무엇인지 분명하게 말한다.	
3	다른 사람의 입장에서 생각할 수 있도록 이끈다.	
4	부하직원은 조금만 도와주면 스스로 문제를 해결할 것이다.	
5	부하직원의 말을 주의 깊게 듣는다.	
6	부하직원의 업무내용과 결과에 대해 구체적으로 피드백한다.	
7	부하직원 스스로 해결책을 찾을 수 있도록 지원한다.	
8	부하직원은 자발적으로 동기부여가 되는 사람이다.	
9	부하직원의 특성을 파악하고 적절하게 대응한다.	
10	업무가 진행되는 동안 구체적이고 현실적인 피드백을 제공한다.	
11	부하직원의 생각이나 관점을 되돌아보게 하는 질문을 한다.	
12	부하직원은 언젠가는 그의 능력을 잘 발휘할 것이다.	
13	부하직원의 업무방식을 존중한다.	
14	부하직원의 역량수준과 동기수준을 파악하고 목표를 제시한다.	
15	문제해결에 필요한 자료와 사례를 충분히 제공한다.	
16	부하직원의 잠재능력과 성장 가능성을 믿는다.	
17	부하직원의 실수를 같이 수습하고 격려한다.	
18	부하직원이 실수를 반복하지 않도록 구체적이고 건설적인 피드백을 한다.	
19	부하직원이 다양한 방법을 시도하도록 격려한다.	
20	부하직원은 적절한 도움을 받으면 스스로 성장하고 발전할 것이다.	
21	부하직원에게 심리적으로 든든한 지원자가 되어 준다.	
22	부하직원의 성장과 발전에 대해 같이 기뻐하고 흐뭇해한다.	
23	부하직원이 낡은 문제라도 새로운 방식으로 생각할 수 있도록 격려한다.	
24	부하직원은 성장과 발전을 위해 노력하는 사람이다.	

코칭리더십 자기진단 테스트 채점 Tool 4-2

코칭리더십 채점표

각 문항의 점수를 아래의 표에 옮겨 적고 가로로 점수를 합산하여 오른쪽 끝에 총점을 적습니다.

1	5	9	13	17	21	존중 총점
2	6	10	14	18	22	목표제시와 피드백 총점
3	7	11	15	19	23	관점변화 총점
4	8	12	16	20	24	성장에 대한 믿음 총점

코칭리더십 진단결과 그래프화

당신의 코칭리더십의 평점 합계를 4가지 영역별로 아래 도면에 막대그래프로 나타내 주십시오.

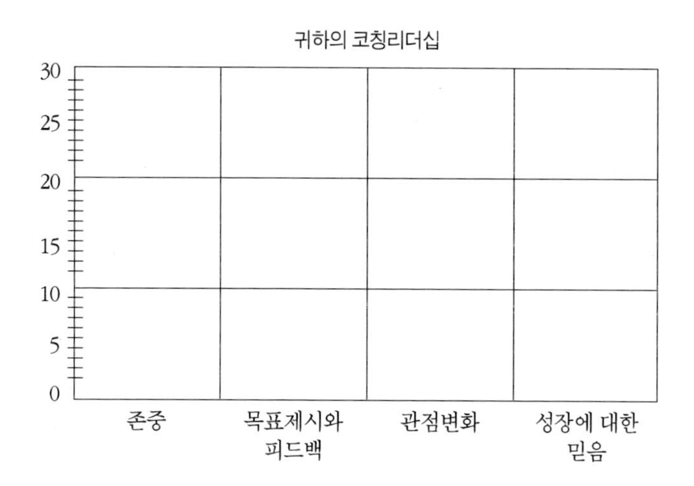

Box 4-3 코칭리더십의 4가지 영역

코칭리더십의 4가지 영역

하위 영역명	정의
존중	리더가 부하를 인간으로서 존중하고 심리적으로 지지하고 돕는 것
목표제시와 피드백	부하의 성장과 발전을 위한 목표를 제시하고 업무와 관련하여 구체적이고 건설적인 피드백을 하는 것
관점변화	고객의 의견을 고려하여 정함
성장에 대한 믿음	부하직원이 성장과 발전을 지향하는 잠재능력을 가진 존재이며 스스로 문제를 해결할 능력을 가지고 있다고 믿는 것

Box 4-4 코칭리더십 진단결과 샘플

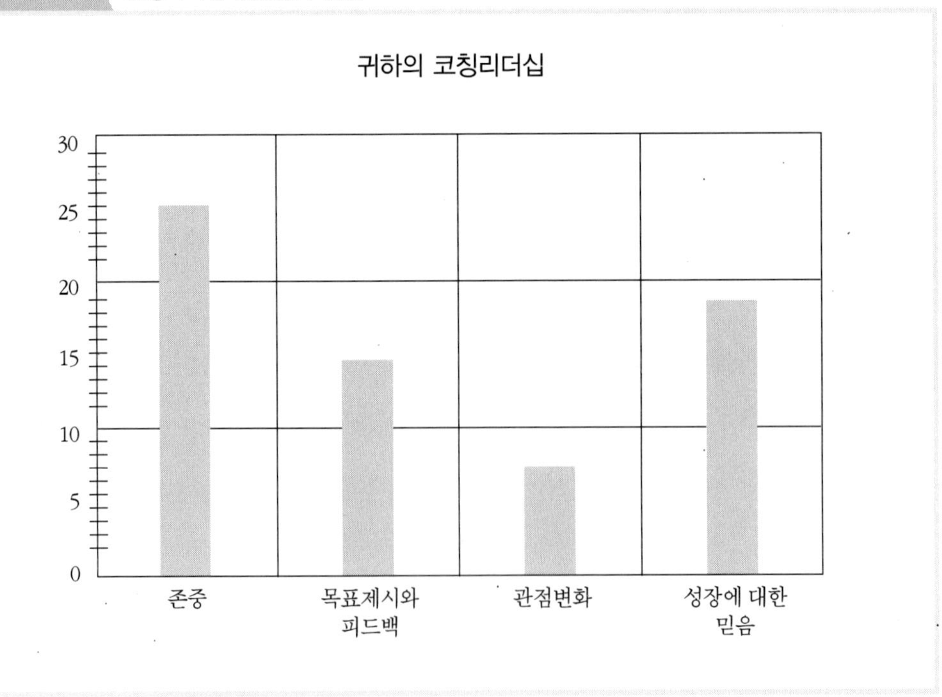

샘플의 결과가 피코치의 것이라고 가정하고 디브리핑을 시작해 보자. 가장 먼저 이 진단이 무엇을 측정하는지, 그리고 각각의 하위척도가 무엇을 의미하는지를 간단히 설명한다. Box 4-4의 내용을 참고하여 자신만의 설명을 만들어 본다. 다음은 그 예다.

> "이 코칭리더십 진단지는 리더가 코치로서의 리더십을 발휘하는 데 네 가지 영역이 있다고 전제하고 ○○님이 각각의 영역에서 현재 어떠한 태도를 가지고 있으며 어떻게 행동하고 있는지를 측정하였습니다. '존중' 영역에서는 리더가 부하직원을 인간으로서 어느 정도 존중하고 있으며 심리적으로 지지하는지, 또 돕고 있는지를 측정합니다. '목표제시와 피드백' 영역은 부하직원이 업무를 통하여 성장하기 위해서 꼭 필요한 성장과 발전을 위한 목표제시와 업무결과에 대한 구체적이고 건설적인 피드백을 어느 정도 하고 있는지를 측정합니다. 세 번째 영역인 '관점변화'는 코칭 대화의 핵심이라고 할 수 있습니다. 리더가 부하직원으로 하여금 기존과는 다른 관점에서 해결책을 찾도록 질문하고 지원하는 정도를 알아봅니다. 그리고 마지막 영역인 '성장에 대한 믿음'에서는 부하직원에 대한 코칭적 관점을 갖추고 있느냐의 문제를 측정합니다. 즉, ○○님이 부하직원에 대해 성장과 발전을 지원하는 잠재능력을 가진 존재이며 스스로 문제를 해결할 능력을 가지고 있다고 믿는 정도입니다."

여기까지가 진단도구에 대한 이해다. 진단도구에 대한 이해가 끝나면 본인의 진단결과를 이해하기 위한 작업을 한다. 진단결과는 그 자체의 의미보다 피코치가 자신의 결과에 어떤 의미를 부여하느냐가 중요하며, 진단결과가 피코치의 구체적인 삶 속에서 어떤 모습으로 나타나고 있는지를 연결해 볼 수 있어야 한다. 다음과 같은 질문을 활용할 수 있다.

① "결과를 보니 어떤 생각이 드십니까?"

② "이 결과들 중 현재 본인의 모습을 잘 나타내고 있다고 생각되는 것은 무엇입니까? 그 이유를 말씀해 주십시오."

③ "이 결과들 중 본인의 현재 모습과는 잘 맞지 않는다고 생각되는 것은 무엇입니까? 그 이유를 말씀해 주십시오."

④ "이 결과들이 본인의 일상에서 어떠한 형태로 나타날지 떠오르는 예가 있으면 말씀해 주십시오."

⑤ "이 결과들을 통해 새롭게 알게 된 것이 있다면 말씀해 주십시오."

피코치가 진단결과를 수용하지 않는 경우 코치는 진단결과가 절대적인 것은 아니며, 이를 통하여 코칭에 도움이 되는 시사점을 한 가지라도 발견하는 것이 중요하다는 입장을 분명히 한다. '나는 이런 사람이 아니다' 라는 식의 피코치 반응에 코치가 '이 진단도구는 훌륭한 것이며 당신은 이 결과를 받아들여야만 한다' 는 언어적 · 비언어적 메시지를 표현한다면 피코치는 더욱 방어적이 되고 코치와의 신뢰관계가 손상되는 결과까지 나타날 수 있다.

피코치가 진단결과에서 시사점을 발견하고 나면 이제 코칭목표와 연결시키는 작업을 한다. 다음과 같은 질문을 활용할 수 있다.

① "이 결과들 중 조금 놀라운 것, 혹은 신경 쓰이는 것이 있습니까? 어떤 것이며, 그 이유는 무엇입니까?"

② "이 결과들 중에서 변화가 필요하다고 생각되는 것이 있습니까? 어떤 것이며, 그 이유는 무엇입니까?"

③ "평소의 생각에 이 진단결과를 참고하여 코칭목표로 삼고 싶은 것이 있습니까?"

앞의 질문에 대한 피코치의 반응은 코칭목표를 수립하는 자료가 된다. Box 4-5에 진단결과의 디브리핑 과정을 요약하였다.

Box 4-5 진단결과의 디브리핑 과정

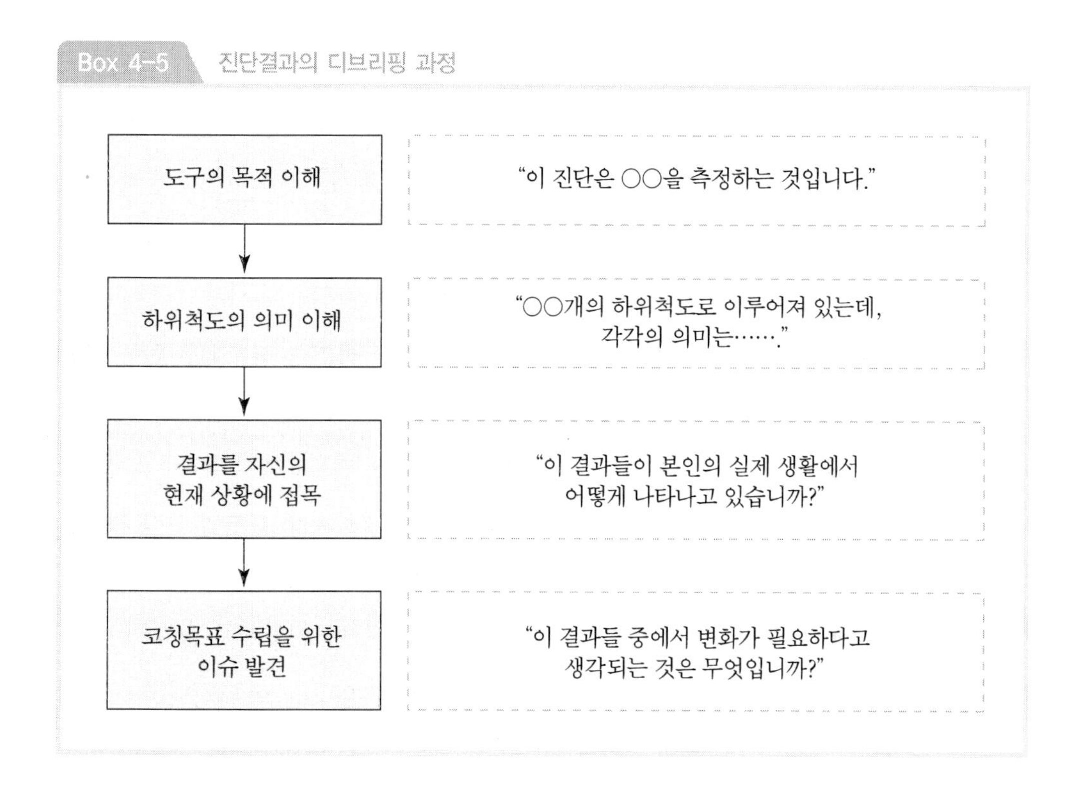

다면진단 결과의 디브리핑

다면진단은 주로 조직에서 리더십 역량을 진단하는 데 활용하는 방법이다. 한 사람이 자신의 리더십에 대해 스스로 평가하는 것은 객관적인 결과를 보여줄 수 없다고 간주하여 본인과 타인에게 같은 질문을 한 다음 일치 정도를 나타내는 것이다.

다면진단도 진단의 일종이므로 기본적으로 앞에서 살펴본 것과 동일한 디브리핑 과정을 거친다. 즉, 도구의 목적 이해, 하위척도의 의미 이해, 결과를 자신의 현재 상황에 접목, 코칭목표 수립을 위한 이슈 발견의 순서로 진행한다.

다면진단의 특징은 같은 측면에 대해 본인의 평가와 타인의 평가를 동시에 볼 수 있다는 것으로서 결과의 디브리핑에서는 이 두 평가의 차이에서 비롯되는 피코치의 반응을 이해하고, 그 의미를 정교화하는 작업이 추가적으로 진행된다.

본인이 생각하는 자신의 모습과 타인이 생각하는 자신의 모습은 차이가 있기 마련인데, 이러한 차이는 기본적 귀인오류 이론(Ross, 1977)으로 설명할 수 있다. 사람들은 어떤 현상에 대해 원인을 찾고자 하는데, 자신의 행동에 대해서는 상황이 원인이라고 생각하고 타인의 행동에 대해서는 그 사람의 특성이 원인이라고 생각하는 경향이 있다. 즉, 자녀에게 공부하라는 잔소리를 하는 부모는 자신이 잔소리를 하는 것이 자녀가 충분히 공부하지 않기 때문이라고 생각하지만 잔소리를 듣는 자녀는 우리 부모님은 원래 잔소리가 많은 사람이라고 생각하는 것이다. 만약 이 부모가 자신의 양육태도에 대한 자기 보고식 검사를 한다면 '나는 잔소리가 많은 사람이다'라는 문항에 '아니요'라고 응답할 가능성이 많고, 같은 문항에 대해 자녀는 '예'라고 응답할 가능성이 많다. 이러한 귀인오류는 다면평가의 결과에 본인평가-타인평가의 차이로 나타나고 사람에 따라서는 이 차이를 받아들이기 어려워할 수도 있다. 다면진단의 결과를 접한 사람들이 나타내는 전형적인 반응의 진행과정은 'SARAH'라는 이니셜로 정리할 수 있는데, 이는 각각 Shock, Anger, Rejection, Acceptance, Hope의 머리글자다. 코칭 중에 다면진단의 결과를 다루어야 할 때는 피코치가 가질 수 있는 이러한 감정의 변화에 주의를 기울이는 것이 필요하다. Box 4-6은 SARAH 반응의 상세한 내용들이다.

다면진단에서는 본인평가와 타인평가의 일치 정도와 차이 정도가 내포하는 의미를 탐색하는 과정을 거친다는 것이 일반적인 진단과는 다른 점이다. 다음과 같은 질문을 활용할 수 있다.

Box 4-6 다면진단 결과에 대한 반응

	전형적인 반응
S(Shock)	'이럴 수가!'
A(Anger)	'도대체 이런 평가를 한 사람이 누구야?' '내가 얼마나 노력하고 있는데 알지도 못하면서 이런 평가를 하다니! 그러는 자기들은 얼마나 잘해서?'
R(Rejection)	'나를 잘 알지 못하는 사람들이 평가한 것이 분명해.' '자기들도 내 입장이 되면 이렇게 할 수밖에 없을 거야.'
A(Acceptance)	'나한테 이런 면이 있는 것이 사실이야.' '이건 나도 전부터 고치려고 마음먹고 있었던 부분이야.'
H(Hope)	'무엇을 좀 바꿔볼 수 있을까?' '뭐부터 시작해야 되지?'

① "본인평가와 타인평가는 차이가 있기 마련인데 차이가 거의 없는 항목도 있습니다. 어떻게 이런 결과가 나왔을까요?"

② "○○ 항목은 특히 본인평가와 타인평가의 차이가 큰 것으로 나타났습니다. 이 결과의 의미를 어떻게 이해하는 것이 좋을까요?"

③ "항목에 따라 본인평가와 타인평가의 차이가 각각 다릅니다. 이 중에서 특히 본인에게 중요하다고 생각되는 것은 어떤 항목입니까? 그 이유를 말씀해 주십시오."

Tool 4-1의 코칭리더십 진단도구는 다면진단으로도 활용할 수 있다. Tool 4-3에 다면진단용으로 변형한 문항을 제시하였다. 그리고 Box 4-7은 코칭리더십 진단을 다면으로 진행한 가상의 결과다. 아래에 이 결과를 해석하는 연습을 해 보자. 그리고 이 결과를 피코치에게 디브리핑한다고 가정하고 Tool 4-4를 작성해 보자.

코칭리더십 진단지-타인용 Tool 4-3

코칭리더십 진단 테스트

다음은 귀하의 상사에 관한 문항들입니다. 각각의 문항을 잘 읽어 보시고 귀하가 생각하기에 현재 자신의 상사와 가장 비슷하다고 판단되는 정도를 숫자로 표시해 주십시오. 유사한 문항이 나오더라도 개의치 마시고 귀하의 판단이나 의견, 느낌에 따라 생각되는 정도를 솔직하게 응답하시면 됩니다.

점수	1	2	3	4	5
내용	전혀 그렇지 않다	그렇지 않다	보통이다	그렇다	매우 그렇다

번호	문항	점수
1	나의 강점과 우수성을 인정한다.	
2	나에게 기대하는 바가 무엇인지 분명하게 말한다.	
3	다른 사람의 입장에서 생각할 수 있도록 이끈다.	
4	조금만 도와주면 내가 스스로 문제를 해결할 것이라고 믿는다.	
5	나의 말을 주의 깊게 듣는다.	
6	나의 업무내용과 결과에 대해 구체적으로 피드백한다.	
7	내 스스로 해결책을 찾을 수 있도록 지원한다.	
8	내가 자발적으로 동기부여되는 사람이라고 믿는다.	
9	나의 특성을 파악하고 적절하게 대응한다.	
10	업무가 진행되는 동안 구체적이고 현실적인 피드백을 제공한다.	
11	나의 생각이나 관점을 되돌아보게 하는 질문을 한다.	
12	내가 언젠가는 내 능력을 잘 발휘할 것이라고 믿는다.	
13	나의 업무방식을 존중한다.	
14	나의 역량수준과 동기수준을 파악하고 목표를 제시한다.	
15	문제해결에 필요한 자료와 사례를 충분히 제공한다.	
16	나의 잠재능력과 성장 가능성을 믿는다.	
17	나의 실수를 같이 수습하고 격려한다.	
18	내가 실수를 반복하지 않도록 구체적이고 건설적인 피드백을 한다.	
19	내가 다양한 방법을 시도하도록 격려한다.	
20	내가 적절한 도움을 받으면 스스로 성장하고 발전할 것이라고 믿는다.	
21	나에게 심리적으로 든든한 지원자가 되어 준다.	
22	나의 성장과 발전에 대해 같이 기뻐하고 흐뭇해한다.	
23	내가 낡은 문제라도 새로운 방식으로 생각할 수 있도록 격려한다.	
24	내가 성장과 발전을 위해 노력하는 사람이라고 믿는다.	

Box 4-7 코칭리더십 다면진단 결과 샘플

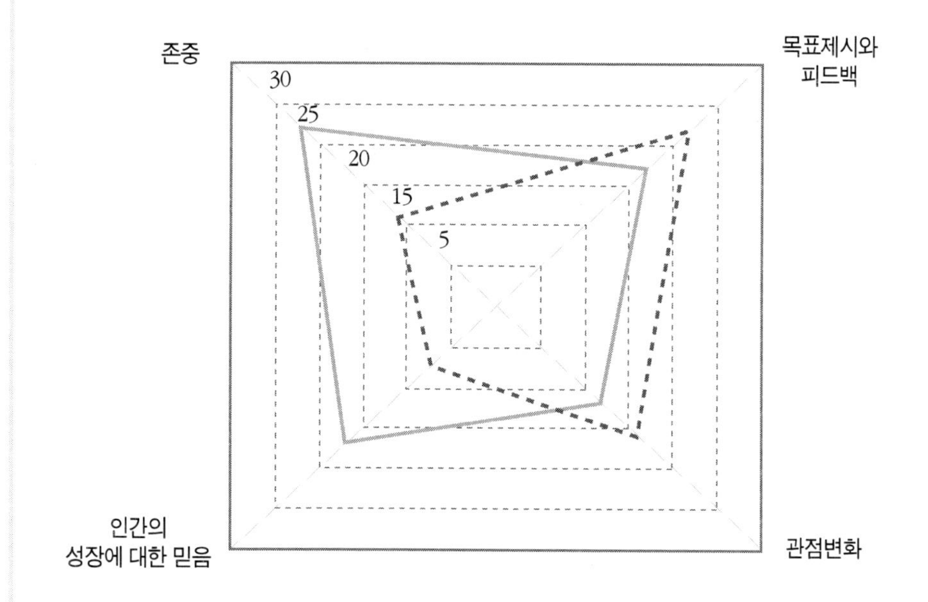

리더가 보는 자신의 모습	부하직원이 보는 리더의 모습

다면진단 디브리핑 양식 샘플 Tool 4-4

다면진단 디브리핑

피코치명		진단도구명	

1. 진단도구에 대한 설명

2. 하위척도에 대한 설명

3. 결과 이해를 돕기 위한 질문들

4. 목표설정을 위한 시사점 도출 질문들

다면인터뷰

코칭 초기의 다면인터뷰는 피코치의 상사, 부하, 동료에게 피코치에 대한 그들의 견해를 물어 코칭에 참고하려는 목적으로 이루어진다. 인터뷰의 진행은 하나의 작은 프로젝트다. Box 4-8은 인터뷰의 진행절차를 보여준다.

Box 4-8 인터뷰 진행절차

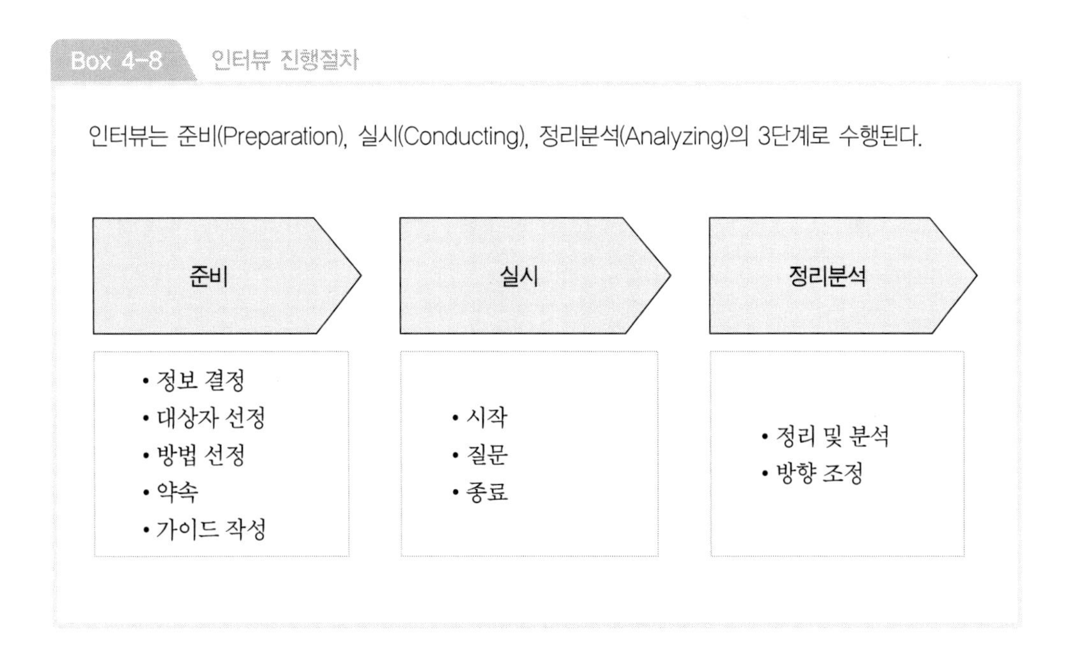

코칭에서 다면인터뷰를 실시하기로 결정했다면 가장 먼저 무엇을 질문할 것인가를 결정하고 질문을 구조화하는 것이 필요하다. 물론 누구를 인터뷰할 것인지, 어떤 방법(면 대 면, 전화, 이메일, 개인, 그룹 등)으로 인터뷰를 진행할 것인지를 결정하고 대상자들과 약속을 정하는 것도 필요하다. 하지만 어떤 질문을 어떤 순서로 할 것인지를 정하는 것, 즉 인터뷰의 구조화가 인터뷰로 수집할 수 있는 정보의 질을 좌우한다.

Tool 4-5는 비즈니스 코칭에서 상사, 부하, 동료에 대한 다면인터뷰를 실시할 때 활용할 수 있는 시트다.

모든 인터뷰를 끝내고 나면 인터뷰 내용을 요약하고 코치의 의견을 담아 피코치에게 피드백한다. 내용의 요약을 위해서는 질적연구 방법론인 내용분석(content analysis) 기법을 활용하여 최대한 많은 내용을 담으면서도 쉽게 이해할 수 있도록 카테고리를 정하고 각 카테고리별 비중을 보여준다. 그리고 이러한 결과를 코칭에 어떻게 반영할 수 있을지에 대한 의견을 담는다. Tool 4-6은 다면인터뷰 보고서 양식이다.

다면인터뷰의 결과를 접하는 피코치의 반응도 다면평가의 경우와 비슷할 가능성이 있다. 자신에 대한 타인의 평가는 어떠한 형태이든 거부와 방어를 일으킬 가능성이 있는 것이다. 이 부분에 대해서는 앞 절에서 살펴본 요령을 참고하라.

다면인터뷰 양식 샘플 Tool 4-5

다면인터뷰

인터뷰이		일시	
인터뷰어		장소	

1. 인터뷰의 배경설명

2. 피코치와 인터뷰이는 조직원으로서 어떤 관계입니까?

3. 조직원으로서의 ○○○이 긍정적 영향력을 미치는 것은 무엇입니까?

4. ○○○이 어떤 영역을 개선하면 조직의 성장에 크게 기여할 수 있겠습니까?

5. 기타

다면인터뷰 보고서 양식 샘플 Tool 4-6

다면인터뷰 결과 보고서

1. 다면인터뷰 목적:

2. 참가자 및 일시:

3. 인터뷰어:

4. 인터뷰 결과

   1) ○○님 리더십의 긍정적 요소

   2) ○○님의 발전을 위한 보완점

   3) 기타 사항

   4) 다면피드백에 대한 코치의 의견

   5) 향후 코칭방향

3. 변화에 대한 주도적 태도 형성

코칭의 1단계인 변화준비 단계에는 앞 장에서 살펴본 Prochaska 모델의 준비 단계에 있는 사람도 있지만, 전숙고 단계나 숙고 단계에 있는 사람도 있다. 주로 타의에 의해 코칭을 받게 된 사람들 중에서 '나는 무엇을 변화시켜야 하는지 모른다' 혹은 '내게 변화의 여지는 있겠지만 아직 확신이 없다' 라는 식의 태도를 보이는 사람들이 있을 수 있는 것이다. 전숙고 단계나 숙고 단계에 있는 피코치를 만나면 코치는 변화에 대한 피코치의 주도성을 확보하기가 힘들고, 따라서 변화의 영역을 발견하기도 어렵다. 피코치가 TTM의 어떤 단계에 있든 코치는 피코치의 코칭목표를 수립해야 하는데, 이를 위해서는 변화에 대한 피코치의 주도적인 태도 확립이 선결과제다. 그 때문에 전숙고 · 숙고 단계에 있는 피코치와 코칭을 시작한다면 준비 단계에서 시작하는 피코치에 비해 더 특별한 개입이 필요하다. 피코치의 변화에 대한 태도를 알아보기 위해서는 다음과 같은 질문들이 유용할 수 있다.

① "지금의 상태에서 좀 더 나아졌으면 하는 이슈들이 있습니까?"
② "무엇이 달라진다면 더 나아질 수 있겠습니까?"
③ "미래를 준비하기 위해서 꼭 해결해야 할 이슈는 무엇입니까?"
④ "코칭에서 어떠한 결과를 얻고 싶습니까?"
⑤ "지금 ○○님의 삶에서 가장 중요한 세 가지를 꼽는다면 무엇입니까?"

만약 피코치가 이와 같은 질문들에 대해 '상황' 과 '타인들' 에 대한 진술을 주로 한다면 그는 자신의 변화에 대해 주도적인 태도를 가지고 있다고 보기 어렵다. 변화에 대한 주도성은 자신이 변화시킬 수 있는 것과 변화시킬 수 없는 것을 구분해 보고 무엇에 집중하는 것이 필요한지를 검토하는 것에서 시작할 수 있다. Tool 4-7은 변화에 대한 주도성을 확보하기 위한 워크시트다.

코칭 영역 선정 양식 샘플 Tool 4-7

코칭 영역 선정

코칭목표를 수립하기 위하여 먼저 변화가 필요한 영역들을 찾아보고 구체적인 상황을 정리해 보겠습니다. 진단 및 인터뷰의 결과를 참고하고 평소의 생각을 더해서 아래의 표를 작성해 주십시오.

변화가 필요한 영역	구체적 내용	내가 변화시킬 수 있는 것	우선순위

4. 코칭목표 설정 및 변화동기 확인

변화준비 단계의 마지막 과제는 바로 '코칭목표 설정', 즉 '코칭을 통한 변화의 목표점을 무엇으로 할 것이냐'다. 코칭에서 목표의 중요성은 아무리 강조해도 지나치지 않다. 어떤 목표는 피코치를 더 많이 동기화시키고, 더 많은 개입을 하도록 하며, 더 많은 행동을 유발하기 때문이다(Locke & Latham, 1990, 2002). '좋은' 목표는 세우는 순간부터 행복감을 주고(Austin & Vancouver, 1996), 목표에 대한 피드백이 있을 때 개인은 목표를 향해 더욱 매진하게 된다(Gregory, Beck, & Carr, 2011).

이 절에서는 어떤 방식으로 코칭목표를 진술할 것인지와 확정된 코칭목표에 대한 변화동기를 확인하는 방법을 알아본다.

코칭목표의 진술

목표가 어떻게 진술되느냐는 매우 중요한 의미를 갖는데, 일반적으로 목표는 특성에 따라 다음과 같은 네 가지 분류기준이 있다.

① 상위목표(higher level goals)와 하위목표(lower level goals): 목표들 간의 중요도에 따른 위계적 순서에 의한 분류다. 상위목표는 보다 추상적이면서 자신에 관련된 것이고, 하위목표는 보다 구체적이면서 특정한 행동과 관련된 것이다. 예를 들어, '좋은 리더 되기'와 같은 것이 상위목표라면 부하직원의 '강점을 발견하고 위임한다'와 같은 것은 하위목표로 볼 수 있다. 코칭에서는 '코칭목표'를 상위목표로, '세션목표'를 하위목표로 설정한다.

② 장기목표(distal goals)와 단기목표(proximal goals): 목표에 도달할 수 있는 기간의 차이에 따른 분류다. 장기목표는 구체적으로 정의된 목표라기보다 장기적

으로 추구하는 미래에 대한 목표로 상위목표처럼 추상적인 내용을 담는 경우가 많고 단기목표에 비해 행동계획의 수립 측면에서 보다 유연하다는 특성이 있다. 단기목표는 보다 가까운 시일 내에 달성하고자 하는 목표로 구체적인 행동계획 수립이 가능하다. 코칭목표는 상대적으로 장기목표의 성격을 가지고 세션목표들은 단기적인 성격을 가진다.

③ 접근목표(approach goals)와 회피목표(avoidant goals): 접근목표는 원하는 것을 이루고자 하는 내용을 담은 목표이고, 회피목표는 원하지 않는 상태에서 벗어나고자 하는 목표다. '좋은 리더 되기' 는 접근목표의 예이고, '화를 내지 않기' 와 같은 것이 회피목표의 예다. 목표설정에 대해 접근적인 태도를 취하느냐, 회피적인 태도를 취하느냐는 개인의 성향과 관련이 있는

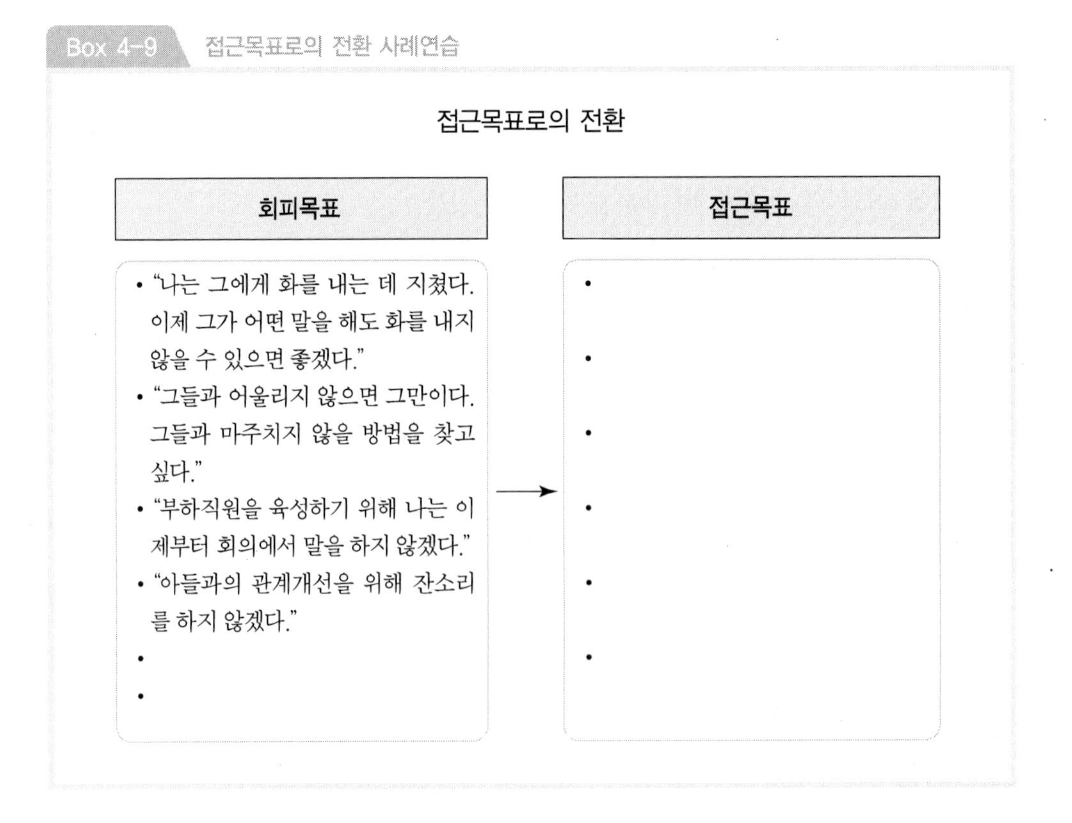
Box 4-9 접근목표로의 전환 사례연습

접근목표로의 전환

회피목표		접근목표
• "나는 그에게 화를 내는 데 지쳤다. 이제 그가 어떤 말을 해도 화를 내지 않을 수 있으면 좋겠다."	→	•
• "그들과 어울리지 않으면 그만이다. 그들과 마주치지 않을 방법을 찾고 싶다."		•
• "부하직원을 육성하기 위해 나는 이제부터 회의에서 말을 하지 않겠다."		•
• "아들과의 관계개선을 위해 잔소리를 하지 않겠다."		•
•		•
•		•

데, 회피적인 태도를 취하는 사람들이 일반적으로 더 우울 수준이 높고 웰빙 수준은 낮은 것으로 알려져 있다(Coats, Janoff-Bulman, & Alpert, 1996). Box 4-9에 제시된 회피목표를 접근목표로 바꾸어 보자.

④ 학습목표(learning goals)와 수행목표(performance goals): 목표의 초점이 개인적인 숙달(Mastery)에 있느냐(학습목표), 성과를 보여주는 것에 있느냐(수행목표)에 따른 분류다. 예를 들어, 리더십 향상을 위하여 '개인차에 대한 이해'를 목표로 설정한다면 이는 학습목표이고, 프로세스 개선을 위하여 '불량률 15% 감소' 를 목표로 삼는다면 이는 수행목표다. 학습목표는 수행목표보다 더 내적 동기를 자극하며 덜 위협적이고 학습 이후 수행으로 연결될 수 있다는 특징이 있으며, 수행목표는 이에 필요한 지식과 역량을 가진 사람들을 더 몰입시키는 경향이 있다.

때로 한 피코치가 서로 모순되는 것처럼 보이는 목표들을 가지고 있는 경우가 있다. 단기성과를 올리는 것과 권한위임을 하는 것이 그 예다. 또 직업적으로 성공하고 싶으면서 가정에도 충실하고 싶은 것과 같이 하나의 목표를 추구하는 것이 다른 목표달성을 방해하는 '경쟁적'인 목표가 동시에 있는 경우도 있다. 앞에서 제시한 목표 분류체계는 모순적이고 경쟁적으로 보이는 목표들을 조율하는 데 유용하다.

권석만(2008)은 『긍정 심리학』에서 목표이론(Goal Theory)을 검토하며 행복감을 증가시키고 목표로 전진하게 하는 목표의 특징을 다음의 다섯 가지로 제안하였다.

① 내적 동기와 부합될 것
② 접근(approach)목표일 것
③ 구체적일 것

④ 추구하는 다른 목표들과 일관적이고 통합되어 있을 것

⑤ 소속된 문화에서 수용되고 중시되는 목표일 것

피코치에 의해 진술되는 목표는 변화준비 단계에서 정교화하는 과정을 거친다. 제1장에서 살펴본 것과 같이 진단 또는 인터뷰의 결과라는 '자극'에 피코치는 '대응적인 목표'를 세울 수 있다. 코치는 대응적인 목표들에 대한 피코치의 '성찰'과 '맥락화' 과정을 도와 코칭목표가 보다 동기부여적 표현으로 다듬어질 수 있도록 한다. 목표를 구체화하는 데 작은 표현의 차이는 결코 사소하지 않다. 이것이 피코치의 동기 수준에 영향을 미치기 때문이다.

코칭목표가 구체화되었으면 그것을 짧은 문장으로 서술하고 관련한 현재 상태와 원하는 상태를 설정해야 한다. Tool 4-8은 이러한 작업에 활용할 수 있는 양식이다.

변화동기 확인

코칭목표가 문장으로 완성되었다면 각 목표에 대한 변화동기를 검토해 본다. Miller와 Rollnick(2002)에 의하면 변화동기는 변화 중요성과 변화 자신감이 일차적 구성요소다. 이에 대한 피코치의 생각을 알아보는 방법으로 Tool 4-9와 같은 척도를 사용할 수 있다(신성만, 권정옥, 손명자, 2006: 72-73 인용 및 재구성).

변화 중요성과 변화 자신감을 두 차원으로 하여 다음의 Box 4-10으로 네 가지 유형의 변화동기를 확인할 수 있다(신성만 외, 2006: 73의 표 재구성).

코칭목표의 진술 및 평가 양식 샘플 Tool 4-8

코칭목표의 진술 및 평가

피코치명		코치명	

코칭을 통하여 개발하고 싶은 영역을 이제 보다 구체적인 코칭목표로 전환해 봅니다. 실현 가능성이 높은 목표는 다음과 같은 특성을 가지고 있습니다.

① 내적 동기(intrinsic motivation)와 부합될 것
② 접근(approach)목표일 것
③ 구체적일 것
④ 추구하는 다른 목표들과 일관적이고 통합되어 있을 것
⑤ 소속된 문화에서 수용되고 중시되는 목표일 것

우선순위가 높은 목표 두세 가지를 적고 각 항목에 대해 현재 수준을 평가해 보겠습니다. 또한 코칭을 통하여 몇 점에 도달하고 싶은지도 체크해 주시기 바랍니다.

목표		매우 부정 … 매우 긍정	원하는 수준의 구체적인 행동
1.	현재 수준	1-2-3-4-5-6-7-8-9-10	
	원하는 수준	1-2-3-4-5-6-7-8-9-10	
2.	현재 수준	1-2-3-4-5-6-7-8-9-10	
	원하는 수준	1-2-3-4-5-6-7-8-9-10	
3.	현재 수준	1-2-3-4-5-6-7-8-9-10	
	원하는 수준	1-2-3-4-5-6-7-8-9-10	

변화 중요성 및 변화 자신감의 평가 양식 샘플 **Tool 4-9**

1. 당신에게 ____________________는 얼마나 중요합니까?
   0점은 전혀 중요하지 않음이고 10점은 아주 중요함을 나타내는 10점 척도 상에서 당신은 어디에 있다고 말하겠습니까?

0	1	2	3	4	5	6	7	8	9	10
전혀 중요하지 않음										아주 중요함

2. 만약 당신이 ____________________하겠다고 결심한다면, 어느 정도 자신 있게 해낼 수 있을 것이라고 말하겠습니까? 0점은 전혀 자신 없음이고 10점은 아주 자신 있음입니다.

0	1	2	3	4	5	6	7	8	9	10
전혀 자신 없음										아주 자신 있음

3. 위의 평가에 근거하여 변화동기 유형을 살펴보겠습니다. 어떤 영역에 속해 있는지 점으로 표시해 주십시오.

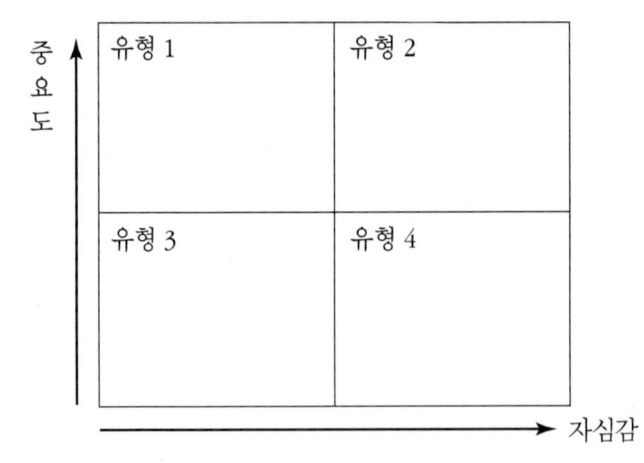

자, 이제 무엇이 필요합니까?

Box 4-10 변화동기의 유형

중요도 ↑

유형 1 높은 중요도/낮은 자신감 변화를 원하지만 변화를 시도해도 성공할 수 있다는 자신감이 낮다.	유형 2 높은 중요도/높은 자신감 변화하는 것이 중요하다고 보고, 또한 성공할 수 있다고도 믿는다.
유형 3 낮은 중요도/낮은 자신감 변화하는 것이 중요하다고 생각하지도 않으며, 변화를 시도해도 성공할 수 있다고 믿지도 않는다.	유형 4 낮은 중요도/높은 자신감 변화가 중요하다고 생각한다면 변화할 자신은 있지만 변화할 마음이 없다.

자신감 →

유형 3, 4, 즉 '낮은 중요도' 유형에 속하는 피코치는 코칭목표를 다시 설정하는 것이 바람직하다. 피코치가 코칭목표에 대해 중요성을 부여하지 않는 이상 변화가 일어나기는 힘들기 때문이다. 또한 유형 1, 3, 즉 '낮은 자신감' 유형에 속하는 피코치에게는 변화준비 단계에서 특별한 개입을 해야 하는데 바로 자기효능감의 고양이다. 자기효능감은 자신이 특별한 과제에 대해 유능하다는 자신감이다(Bandura, 1997).

한편, 중요성과 자신감이 모두 높다고 해서 당장 변화가 일어나는 것은 아닌데, 실제로 변화동기에는 '시급성', 즉 지금 당장 변화해야만 한다는 제3의 차원이 존재하기 때문이다. 시급성이 낮은 경우에도 변화는 어려운데, '건강을 위해서는 금연이 중요하고 마음만 먹으면 금연할 수 있지만 지금 당장은 아니다' 라는 경우다. 변화에 대한 시급성 인식이 부족한 경우, 그것이 주변의 요구와는 상관없는 개인적인 태도라면 현실의 객관적 인식을 통한 관점의 전환을 시도해 볼 수 있다.

코칭에서 중요성, 자신감, 시급성의 세 차원을 동시에 점검하기 위해서는 Tool 4-10과 같은 양식을 활용할 수 있다.

코칭목표에 대한 변화동기 검토 양식 샘플 Tool 4-10

코칭목표에 대한 변화동기 검토

피코치명		코치명	

변화동기는 의지(하고자 함) / 능력(할 수 있음) / 준비(할 준비가 되어 있음)의 합입니다. 코칭목표에 대한 ○○님의 변화동기를 검토해 봅니다.

목표 1:	매우 부정 매우 긍정
이 목표는 당신에게 얼마나 중요합니까?	1 – 2 – 3 – 4 – 5 – 6 – 7 – 8 – 9 – 10
이 목표의 달성에 대한 자신감은 어떠합니까?	1 – 2 – 3 – 4 – 5 – 6 – 7 – 8 – 9 – 10
이 목표는 당신에게 얼마나 시급합니까?	1 – 2 – 3 – 4 – 5 – 6 – 7 – 8 – 9 – 10

목표 2:	매우 부정 매우 긍정
이 목표는 당신에게 얼마나 중요합니까?	1 – 2 – 3 – 4 – 5 – 6 – 7 – 8 – 9 – 10
이 목표의 달성에 대한 자신감은 어떠합니까?	1 – 2 – 3 – 4 – 5 – 6 – 7 – 8 – 9 – 10
이 목표는 당신에게 얼마나 시급합니까?	1 – 2 – 3 – 4 – 5 – 6 – 7 – 8 – 9 – 10

목표 3:	매우 부정 매우 긍정
이 목표는 당신에게 얼마나 중요합니까?	1 – 2 – 3 – 4 – 5 – 6 – 7 – 8 – 9 – 10
이 목표의 달성에 대한 자신감은 어떠합니까?	1 – 2 – 3 – 4 – 5 – 6 – 7 – 8 – 9 – 10
이 목표는 당신에게 얼마나 시급합니까?	1 – 2 – 3 – 4 – 5 – 6 – 7 – 8 – 9 – 10

5. 초기 세션의 진행

초기 세션이란 다회코칭을 진행하기로 예정되어 있는 상태에서 코치와 피코치가 처음으로 진행하는 세션을 말한다. 코치에게 초기 세션은 특별히 중요한데, 피코치에 대한 많은 정보를 수집하여 향후 진행될 코칭을 계획하는 근거를 마련하는 시간이기 때문이다. 초기 세션에서는 다음과 같은 사항을 염두에 두어야 한다.

① 피코치의 코칭에 대한 이해도
② 피코치의 코칭에 대한 수용도
③ 코칭이슈에 대한 태도
④ 피코치의 개인적 특성
⑤ 피코치의 강점 및 성장욕구의 파악
⑥ 피코치에게 중요한 환경적 특성
⑦ 진단결과가 있다면 이에 대한 디브리핑

Tool 4-11은 초기 세션을 진행하는 데 활용할 수 있는 양식이다. 물론 이 양식을 모두 채울 필요는 없다. 활용할 수 있는 자료나 대화의 진행에 따라 몇몇 주제들이 다루어질 것이다. 하지만 이 양식은 초기 세션에서 코치가 염두에 두어야 할 주제를 기억하는 데 도움이 된다.

초기 세션 진행 양식 샘플 Tool 4-11

초기 세션 진행

피코치명		일시	

1. 기본 정보

(성별/나이/직업/기타 배경)

2. 코칭을 받게 된 경위

3. 주요 코칭이슈 및 목표, 이에 영향을 끼치는 요소들

4. 진단결과

5. 주요 대인관계

6. 피코치의 주요 가치

7. 강점

8. 포부

9. 인상/행동 관찰 및 특이사항

제5장

단계 2: 변화시도

자기효능감이란 원하는 바를 달성하는 데 필요한 행동을
계획하고 실행하는 개인의 역량에 대한 신념이다
(Bandura, 1997).

1. GROW 프로세스의 개요
2. Goal: 코칭목표와 연계된 세션목표의 수립
3. Reality: 세션목표와 관련된 현실에 대한 관점의 전환
4. Options: 실행 가능성이 높은 행동계획의 수립
5. Will/Wrap up: 행동계획이 실천될 수 있는 장치 마련/결론

이 장의 목표

1. 변화시도 단계의 과제에 대해 설명할 수 있다.
2. 변화시도 단계의 세션의 특징을 알 수 있다.
3. GROW 프로세스에 따라 세션을 진행할 수 있다.

● ● ●

변화준비 단계의 네 가지 과제를 모두 해결한 피코치는 이제 변화시도 단계로 접어들어 코칭목표 달성을 위한 구체적인 계획들을 행동에 옮긴다. 어떤 계획은 변화를 위해 효과적이지만 그렇지 않은 행동계획도 있을 수 있다. 어찌되었든 피코치는 꾸준히 행동을 시도하고, 이를 통해 '성공경험의 누적'과 '자기효능감의 상승'을 경험하게 된다. 이 두 가지가 변화시도 단계의 과제다.

결국 변화시도 단계의 초점은 어떻게 하면 성공할 수 있는 행동계획을 수립하는가에 있다. 모든 코칭세션이 그렇지만, 특히 변화시도 단계에서 진행되는 세션은 코칭 프로세스를 충실하게 준수하는 것이 중요하다. 코칭 프로세스는 세션목표를 행동계획으로 전환시키는 좋은 도구다.

이 장에서는 코칭 프로세스 중 GROW(Goal-Reality-Options-Will/Wrap-up) 모델(Whitmore, 2002)을 개관하고, 각각의 단계를 진행하는 요령을 구체적으로 제시할 것이다.

1. GROW 프로세스의 개요

GROW 프로세스를 개괄적으로 이해하기 위해서 프로세스의 제시자인 Sir. John Whitmore의 설명을 인용해 보았다.[1]

[1] Whitmore의 저서 *Coaching For Performance: Growing People, Performance and Purpose*의 한국어 번역본 『성과향상을 위한 코칭 리더십』을 참고하여 재구성함.

- 목표설정(G): 우리는 항상 코칭의 목표를 정하고 시작한다. 이때 코칭에서 얻고 싶은 것을 정하는 사람은 코칭을 받는 사람이다. 비록 코치나 관리자가 코칭받아야 하는 구체적인 문제를 알고 있다 하더라도 코칭을 받는 사람에게 코칭에서 얻고 싶은 것이 있는지 물어봐야 한다.

- 현재 상황은 어떠한가(R): 여러 가지 목표를 정의했으므로 이제 현재 상황을 분명하게 파악해야 한다. 물론 현재 상황이 파악되기 전에는 목표를 정할 수 없고, 코칭은 현재 상황을 점검하는 것에서부터 시작되어야 한다는 주장이 있을 수 있다. 나는 이 주장에 대해 어떤 토의든 가치와 방향을 가지려면 목적이 있어야 한다는 점을 들어 반대한다. 현재 상황을 검토하기 전에는 목표가 불명확하게 정해질 수 있지만 그렇더라도 목적에 부합된 목표를 먼저 정해야 한다. 그리고 현실이 분명하게 파악되었을 때 목표의 초점을 확실하게 하면 된다. 만약 현실이 처음 생각했던 상황과 약간 다른 것으로 판명되면 목표를 수정하면 되는 것이다.

- 어떤 대안을 가지고 있는가(O): 대안 찾기의 목적은 '옳은' 답을 찾는 것이 아니라 가능한 한 많은 대안을 찾아서 기록하는 것이다. 이 단계에서는 대안의 숫자가 각 대안의 질과 실현 가능성보다 중요하다. (중략) 만일 대안수집 과정에서 선호도, 검열, 비난, 장애물, 달성 가능성이 개입된다면 귀중한 대안을 놓칠 수 있고 선택에 제한이 있다.

- 무엇을 실행하겠는가(W): 코칭의 마지막 단계는 토의된 내용을 토대로 결정을 내리는 것이다. 철저하게 조사된 현실자료를 근거로 폭넓게 제시된 각종 대안 중 선택을 함으로써 명시된 요건에 충족하는 실행계획을 세운다.

GROW는 단일세션의 프로세스다. 즉, 한 세션에서 GROW가 모두 진행되는 것이다. 이 프로세스에 충실한 코칭세션을 진행하기 위해서 세션 노트를 활용할 것을 권한다. 세션 노트는 코칭세션 중에 나눈 대화의 핵심 및 기억해야 하는 내용을 적어 둘 수 있는 양식으로서, 코치와 피코치가 동일한 양식을 사용할 수 있다. 세션 노트는 피코치가 코칭주제에 좀 더 집중할 수 있도록 하는 효과가 있다. 또한 코치에게는 세션이 끝난 후 지난 세션을 반추해 볼 수 있는 자료가 되며, 이를 토대로 다음 세션의 계획을 세우거나 자신의 코칭력을 향상시키는 자료로 활용한다. Tool 5-1은 세션 노트의 예다.

한편, 다회코칭의 경우에는 지난 세션에서 세운 행동계획의 실행을 점검(Review), 평가(Evaluation)하는 시간을 갖고 난 후 GROW를 진행하는 것이 일반적이다. Greene과 Grant(2003)는 점검과 평가까지 코칭 프로세스에 포함시켜 RE-GROW 모델을 제안하기도 하였다. RE-GROW 프로세스를 활용하여 코칭을 진행한다면 Tool 5-2와 같은 양식이 활용될 수 있다.

세션 노트(GROW) 양식 샘플 Tool 5-1

( )회차 세션 노트(GROW)

피코치명		일시	

1. 세션목표

2. 관련된 현실

3. 가능한 대안들

4. 행동계획

5. 오늘 세션의 소감

6. 다음 일정

세션 노트(RE-GROW) 양식 샘플 Tool 5-2

( )회차 세션 노트(RE-GROW)

피코치명		일시	

1. 행동실행 리뷰

2. 성공요소 평가

3. 코칭목표

4. 관련된 현실

5. 가능한 대안들

6. 행동계획

7. 오늘 세션의 소감

8. 다음 일정

매 세션에서 지난 세션의 행동계획 실행에 관해 점검하는 것은 코칭의 연속성을 확인하는 좋은 방법이다. 또한 행동 실행 후 즉시 이에 대한 평가를 하고 특히 성공요소, 즉 '내가 이 행동을 잘 실행할 수 있었던 요소가 무엇이었는지' 지속적으로 탐색해 보는 것은 다음 단계인 변화성취 및 확장의 과업 중 하나인 '성공패턴의 발견'에 도움을 준다.

GROW 프로세스나 이를 수정한 RE-GROW 프로세스를 현장에서 막상 적용하려면 생각만큼 쉽지 않다. 코치가 개념적으로 이해한 것을 행동으로 옮기려 하기 때문인 것 같다. 수영을 잘하는 방법을 아는 것과 수영을 잘하는 것은 다른 문제인 것과 같은 이치다. 다음 절부터는 코칭 장면에서 일어날 수 있는 상황을 최대한 구체적으로 묘사하면서 GROW 프로세스를 진행하는 요령을 알아보고자 한다.

우리는 Whitmore의 본래 개념과 몇몇 부분에서 관점을 달리한다. 첫 번째로 우리는 변화시도 단계의 코칭세션은 기본적으로 다회임을 가정하였다. 그리고 세션목표는 코칭목표와 연관되어야 한다고 보았다. 두 번째는 R단계에서 현재 상황에 대한 파악보다 현재 상황에 대한 관점을 달리하는 것에 중점을 두었다. 관점을 달리하는 것은 통찰에 의한다. 세 번째는 O단계에 행동계획의 수립까지 포함하였다. Whitmore는 행동계획의 수립을 W단계의 작업으로 보았다. 마지막으로 W단계를 행동계획의 실행을 촉진할 수 있는 장치를 마련하고 전체 세션을 마무리하는 과정으로 활용하였다. 다음에 전개되는 절을 이해하기 위해 이상의 네 가지 차이점을 반드시 기억해 두기 바란다.

2. Goal: 코칭목표와 연계된 세션목표의 수립

다회세션을 통해 이루고자 하는 코칭목표는 추상적인 경우가 많아 피코치를 동기화하는 데는 도움이 되지만 '어떻게' 그 목표를 이룰 수 있는지를 금세 알아내기 어렵다. 원대한 코칭목표를 행동계획으로 구체화하는 중간 과정이 바로 세션목표의 수립이다.

코칭목표, 세션목표, 행동계획은 하나의 주제에 대한 서로 다른 수준의 진술들이다. 코칭목표가 구체화된 것이 세션목표이고, 세션목표가 더 구체화된 것이 행동계획이다. 예를 들어, '육성형 리더 되기'가 코칭목표라면 '회의방식의 개선'이 세션목표일 수 있고, 행동계획은 '자유로운 토론의 기회 제공'이 될 수 있다. 하지만 '회의방식의 개선'이 코칭목표라면 '자유로운 토론의 기회 제공'이 세션목표가 되고, '구성원의 발언에서 가능성을 찾아 인정한다'가 행동계획이 될 수 있다. 또한 '리더십 개발'이 코칭목표인 경우 '육성형 리더 되기' 가 세션목표, '회의방식의 개선'이 행동계획이 될 수도 있다. 혹은 '리더십 개발'이라는 코칭목표에서 '회의방식의 개선'이라는 세션목표가 수립될 수도 있다.

이렇듯 코칭목표, 세션목표, 행동계획은 Box 5-1처럼 동일한 모양의 인형이 연속으로 구성되어 있는 러시아 인형 마트료시카와도 같다.

따라서 세션목표의 수립 원리는 코칭목표의 수립 원리인 ① 내적 동기와 부

Box 5-1 목표와 행동계획의 관계

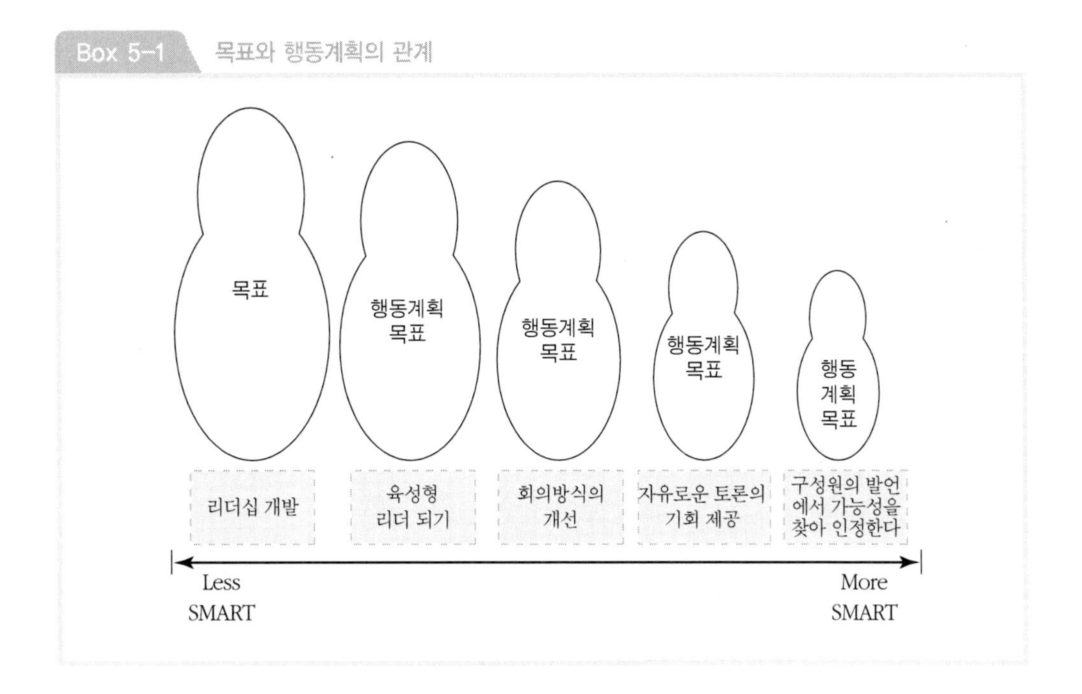

합될 것, ② 접근목표일 것, ③ 구체적일 것, ④ 추구하는 다른 목표들과 일관적이고 통합되어 있을 것, ⑤ 소속된 문화에서 수용되고 중시되는 목표일 것과 동일하다. 그리고 세션목표에 대한 변화동기도 코칭목표의 경우와 마찬가지로 의지(변화의 중요성), 능력(변화에 대한 자신감), 준비(중요성의 우선순위)로 구성된다. 다만, 한 가지 주의점은 세션목표는 코칭목표와 연관성이 있어야 한다는 것이다.

세션목표의 수립은 ① 코칭목표의 구체화, ② 우선순위 부여, ③ 목표의 적합성 확인의 과정으로 진행된다(Box 5-2 참조) .

코칭목표의 구체화는 피코치가 사용하는 표현의 의미를 보다 명확하게 하는 작업이다. 예를 들어, '좋은 리더가 되고 싶다'는 동일한 코칭목표를 가진 피코치들이라 할지라도 '좋은 리더'의 모습을 어떤 피코치는 칭찬을 잘 하는 리더로, 다른 피코치는 일을 잘 가르치는 리더로, 또 다른 피코치는 보다 유연한 사고를 가진 리더로 그리고 있을 수 있다. 또 우리가 미처 생각하지 못하는 많은 모습을 피코치들은 '좋은 리더'라는 표현 하나에 담고 있다. 따라서 코치는 피코치가 사용하는 중요한 표현의 개인적인 의미를 알아내는 것이 필요하다. 이 과정을 통해 피코치도 자신의 바람을 구체화해 볼 수 있는 경험을 하게 된다. 이를 위해서 "○○님이 말하는 ○○○은 구체적으로 어떤 의미/모습/상황입니까?"라는 질문이 유용하다.

코칭목표의 의미를 구체화하고 나면 그중에서 무엇부터 시작하는 것이 좋을지 질문하고 하나의 모습을 선택하여 세션의 목표로 정한다. "지금까지 말한 것 중에서 이번 세션에서 좀 더 이야기해 보고 싶은 것은 무엇입니까?"와 같은 질문을 활용할 수 있다. 피코치에 따라 선택의 기준은 다양하므로 경우에 따라 가장 중요한 것, 가장 시급한 것 혹은 가장 시작하기 쉬운 것이 선택될 수 있다.

세션목표가 문장으로 진술되고 나면 목표의 적합성 확인, 즉 세워진 세션목표가 피코치의 내적 동기와 부합되는지, 접근목표인지, 구체적인지, 추구하는 다른 목표들과 일관적이고 통합되어 있는지, 소속된 문화에서 수용되고 중시되는 것인지를 점검해 보는 과정을 거친다. "이 목표를 보니 이것이 이루어지면 정말 좋겠다는 생각이 드는지요?" "이 (세션)목표가 달성되면 ○○님이 원하는 코칭목표에 한 걸음 다가갈 수 있겠습니까?" "○○님이 이 (세션)목표를 달성하고 나면 주변에서 어떤 반응을 보일 것 같습니까?" 등의 질문을 활용해 볼 수 있다.

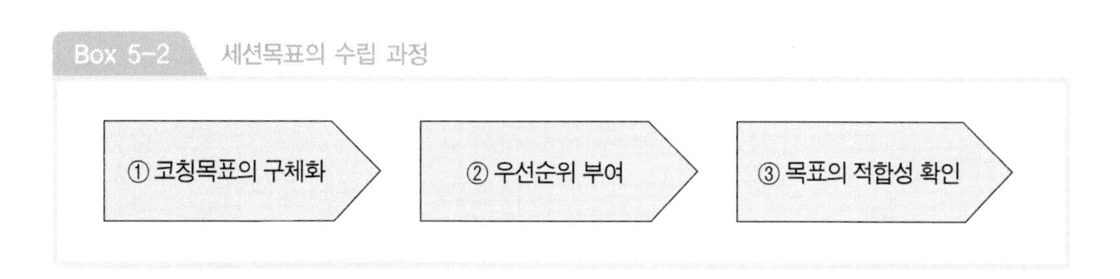

다음은 코칭목표가 세션목표로 전환되는 과정을 사례를 통해 살펴본 것이다.

코　치: ○○님의 코칭목표가 '육성형 리더 되기' 인데요. ○○님이 생각하는 육성형 리더는 어떤 모습인지 좀 더 구체적으로 말씀해 주시겠습니까?

피코치: 내가 직접 문제를 풀어주기보다는 부하직원 스스로 문제를 풀 수 있도록 이끌어 주는 리더, 부하직원이 말을 할 때 경청해서 쓸 만한 것을 찾아내고 그것을 키워 주는 리더, 회의시간에 자신의 의견이 정답이 아니라도 자신 있게 말할 수 있는 분위기를 조성하는 리더…… 이 정도인 것 같은데요.

코　치: 세 가지 말씀을 하셨는데, 앞의 것은 문제해결력 향상이고, 뒤의 두 모습은 모두 부하직원과의 소통 이슈인 것 같습니다. 또 다른 것이 있을까요?

피코치: 부하직원 한 명 한 명이 잘하는 것이 무엇인지 파악해서 그 점을 더 활용할 수 있는 업무를 맡기는 것도 있군요.

코　치: 강점의 파악과 활용이네요. 또 다른 것이 있습니까?

피코치: 각자가 우리 회사 안에서 어떻게 성장하고 싶은지를 알아내서 그 부분을 도와줄 수도 있을 것 같습니다. 이건 좀 시간이 많이 걸리겠네요.

코　치: 부하직원에게 커리어 코치의 역할을 하는 것이네요. 또 다른 생각이 있으세요?

피코치: …… 현재로서는 이 정도입니다.

(여기까지가 코칭목표의 구체화 과정이다. 이제 우선순위를 결정하도록 한다.)

코　치: 육성형 리더의 구체적인 모습을 네 가지로 말씀하셨습니다. 문제해결력 향상, 소통방식 개선, 강점의 파악과 활용 그리고 부하직원의 커리어 코치가 되는 것. 이 중에서 오늘 세션에서는 무엇에 관해 좀 더 이야기를 나누어 볼까요?

피코치: 문제해결력 향상은 시간이 좀 오래 걸릴 것 같고…… 소통방식 개선이 좋을 것 같습니다. 소통은 매일 하는 것이니까 여기서부터 변화할 방법을 찾고 싶습니다.

코　치: 그러면 오늘 세션의 목표를 문장으로 표현해 볼까요?

피코치: 음…… '부하직원이 적극적으로 자신의 의견을 개진할 수 있는 분위기 조성하기'가 어떨까요?

코　치: 좋습니다.

(이렇게 세션목표가 수립되고 나면 목표의 적합성을 확인한다.)

코　치: 부하직원이 ○○님에게 적극적으로 의견을 개진하는 상황이 실제로 벌어진다면 ○○님은 어떤 기분이 들까요?

피코치: 그렇게 된다면 정말 좋겠습니다. 제 목표인 육성형 리더에 한 발짝 다가가는 것이라고 봅니다.

(이것으로 Goal 단계가 마무리된다.)

이러한 과정에 대한 집중도를 높이기 위해서 Tool 5-3을 활용할 수 있다.

코칭목표의 구체화 양식 샘플 Tool 5-3

코칭목표의 구체화

코칭목표 ________________에 대하여 다음을 작성해 봅니다.

목표가 성취되었을 때 내가 하고 있는 행동들	그 행동을 하고 있는 구체적 상황의 예	우선 순위
1.		
2.		
3.		
4.		

3. Reality: 세션목표와 관련된 현실에 대한 관점의 전환

코칭 프로세스 GROW 중에서 Reality는 코치들이 가장 많은 오해를 하는 단계다. Reality를 코치가 피코치의 현실을 파악하는 과정으로 생각하고[2] 세션목표와 관련된 현상은 지금까지 어떻게 나타나고 있는지, 이것을 개선하기 위해서 피코치는 어떤 노력들을 해 보았는지, 심지어는 왜 피코치가 그렇게 행동하는지에 대한 질문을 한다. 하지만 이것은 피코치 스스로 해결책을 발견하는 데 아무런 도움이 되지 않으며, 그러한 질문에 답하는 피코치는 자신의 현재 모습에 대해 코치에게 변명을 하고 있는 것처럼 느끼게 된다. 오히려 피코치를 방어하게 만드는 역효과를 가져올 수 있는 것이다.

코칭에서는 문제행동 혹은 성장을 가로막는 원인을 몰라도 목표를 성취할 수 있는 경우가 있다.[3] 이는 코칭이 질병모델에 근거한 것이 아니라 성장모델에 근거한 것이기 때문이다. Reality 단계의 핵심은 코치가 피코치의 현실을 파악하는 것이 아니라 세션목표를 둘러싸고 있는 현실에 대해 피코치가 다양한 관점에서 해석할 수 있도록 돕는 것이다.

이를 위해 Reality 단계에서 활용할 수 있는 심리학 이론 두 가지와 원칙 한 가지를 소개한다.

자기지각 이론

자기지각 이론(Bem, 1967)은 사람들은 자신의 행동을 통해 자신의 태도를 추론하는 경향이 있다는 내용이다. 옷장을 열어서 검은색 옷이 가득 걸려 있는 것

② Whitmore가 주장하는 Reality는 '피코치 자신의 객관적 현실파악'이다.

③ 제2장에서의 고객 만족도 향상을 위한 접근법의 사례를 기억하라.

을 보았을 때, '내가 검은색을 좋아하는구나'라고 생각하게 되는 경우다. Reality 단계에서 목표와 관련하여 현실의 상황을 살펴보면 흔히 타인과 상황에 대한 불만을 늘어놓는 피코치를 만나게 된다. 어떤 코치들은 피코치의 불만을 충분히 경청해야만 새로운 시각을 탐색할 수 있는 여유가 생긴다고 주장하기도 한다. 하지만 자기지각 이론의 입장에서 보면 '불만을 말하는 자신의 행동'에 의해 피코치는 점점 더 자신의 불만이 사실이라는 확신을 갖게 된다. 또한 불만에 대해 깊은 대화를 나누는 것은 코칭이 해결책 중심의 접근법이라는 특징에도 위배된다. 코칭에서 피코치의 불만을 경청하는 것은 코치에게 이해받고 있다는 느낌을 주는 피코치에게 효과가 있으므로 이를 지나치게 막을 필요는 없지만, 자기지각 이론에 따르면 코치가 이것을 촉진할 필요도 없다.[4]

제2장에서 보았던 대화를 다시 한 번 살펴보자.

대화 1

피코치: 직장에서 일어나는 일 때문에 정말 화가 나요.

코　치: 그렇군요. 화나는 일에 대해 구체적으로 말씀해 주시겠습니까?

대화 2

피코치: 직장에서 일어나는 일 때문에 정말 화가 나요.

코　치: 그렇군요. 직장문제에 대한 해결책을 찾고 싶어 하시는 것 같은데…….

④ 경험상 오래된 문제, 이미 다른 사람들과도 여러 번 말해 본 적이 있는 문제에 대해서는 불만을 길게 경청하는 것이 피코치의 관점 전환을 돕는 데 그다지 유익하지 않은 것 같다. 다만, 최근에 새로 발생한 문제, 즉 아직 누구와 여러 번 이야기해 본 적이 없는 주제들에 대해서는 불만을 말하면서 그간 생각하지 못했던 통찰이 일어나기도 하는 것 같아 보인다.

대화 1의 코치는 피코치로 하여금 문제에 집중하도록 하는 반응이다. 코치의 이 말 다음에 피코치는 그간 직장에서 느꼈던 불만을 세부적으로 늘어놓게 된다. 그리고 (과장적으로 해석한다면) 직장은 정말 화가 나는 곳이라는 결론에 스스로 도달하게 된다. 이에 비해 대화 2의 코치는 해결중심의 반응을 하였다. 피코치는 '해결책'이라는 단어에 집중하게 되고 스스로 해결책을 찾는 대화를 이어나갈 것이다.

Box 5-3의 사례에 대해 해결책 중심의 대화로 이끄는 연습을 해 보자.

심리적 반작용 이론

심리적 반작용 이론(Brehm & Brehm, 1981)은 흔히 '로미오와 줄리엣 효과'라고 불리는 내용이다. 즉, 주변 사람들이 자신과 반대 입장에 서면 자신의 신념 혹은 행동을 옹호하고자 하는 욕구가 더 강해지는 현상에 대한 명명이다. 피코치가 어떤 이슈에 대해 자신의 관점을 말하고 있다고 해서 '그에게는 오로지 그 관점밖에 없다' 혹은 그는 '다른 관점을 알지 못한다'고 생각하는 것은 오해다. 피코치도 다른 관점을 알고 있지만, '지금은' 그 관점을 주장하고 있는 것이다. 다음의 대화를 비교해 보자.

대화 1

피코치: 구성원들이 회의에 더 적극적으로 참여하면 좋겠습니다. 매번 '이번에는 내가 많이 말하지 말아야지' 라고 결심하고 회의를 시작하지만, 막상 시간이 좀 지나고 나면 어느새 저 혼자 이야기하고 있습니다.

코　치: 시작 전의 결심이 지속될 수 있는 장치가 필요하군요.

피코치: 그것도 방법이겠네요. 하지만 제가 계속 말을 하지 않으면 회의에서 아무도 말하지 않을 겁니다. 도대체 그들은 준비나 제대로 하고

회의에 오는 것인지 의심이 됩니다.

대화 2

피코치: 구성원들이 회의에 더 적극적으로 참여하면 좋겠습니다. 매번 '이번에는 내가 많이 말하지 말아야지' 라고 결심하고 회의를 시작하지만, 막상 시간이 좀 지나고 나면 어느새 저 혼자 이야기하고 있습니다.

코　치: ○○님께서 리더시니 아무래도 경험과 지식이 많고, 그러다 보니 말씀을 많이 하시게 되나 봅니다.

피코치: 그런 것 같습니다. 하지만 저도 세부사항은 잘 모릅니다. 세부적인 것은 실무자들이 더 많은 지식을 가지고 있습니다. 그런데 도통 발언을 하지 않아요. 그들이 더 많은 말을 해야 회의가 의미가 있습니다.

대화 1의 코치는 '당신이 말을 많이 하지 않는 것이 마땅하다' 는 입장이 표현된 반응이다. 이런 반응을 하면 피코치는 자신이 말할 수밖에 없는 이유를 나열하게 된다. 즉, 코치와 반대되는 입장을 취한다. 반면, 대화 2의 코치는 '당신이 말을 많이 하는 것이 마땅하다'는 입장의 반응을 하였다. 이 반응에도 피코치는 역시 코치와 반대의 입장에 선다. 즉, 본인의 말을 줄여야 한다는 주장을 한다.

이러한 대화의 전개양상을 Miller와 Rollnick(2002)은 '한쪽 편에 서기 함정' 이라고 칭하며, 코치가 피코치의 반대 입장을 취할 때 대화는 '레슬링'이 된다고 비유하였다.

코치가 피코치와 다른 편에 서게 되는 것은 피코치를 도우려는 강한 마음에서 시작된다. 또한 '그것은 잘못된 것이다' 라는 판단이 작용하기도 한다. 하지만 피코치의 변화하고자 하는 태도를 강화하려면 그의 편에 서는 것이 도움이 된다.

Box 5-4의 사례에 대해 피코치 편에 서는 대화를 연습해 보자.

Box 5-3 자기지각 이론의 활용 사례연습

● 30대 후반 주부 ●

"층간 소음 때문에 아랫집과의 관계가 정말 불편해요. 아이들이 어리니 뛰지 말라고 아무리 말해도 소용이 없고, 저녁 7시에 피아노를 쳐도 시끄럽다고 올라와요. 정말 예민한 사람들인지, 아니면 이상한 사람들인지……."

1. 코치가 피코치의 '문제'에 반응할 경우 코칭이 어떤 방향으로 전개되겠는가?

2. 코치가 피코치의 '해결책'에 반응할 경우 코칭이 어떤 방향으로 전개되겠는가?

3. 위의 두 반응은 어떻게 다른가?

Box 5-4 심리적 반작용 이론의 활용 사례연습

● 고등학교 1학년 남학생 ●

피코치: 엄마는 제가 게임을 너무 많이 한다고 잔소리를 해요.

코　치: 그래? 어느 정도 하는데?

피코치: 글쎄요…… 요일에 따라 차이가 있어서…… 하루 4시간 정도?

코　치:

1. 코치가 피코치의 반대 입장에 서면 어떤 말을 할 수 있는가? 대화는 어떤 방향으로 전개되겠는가?

2. 코치가 피코치와 같은 입장에 서면 어떤 말을 할 수 있는가? 대화는 어떤 방향으로 전개되겠는가?

3. 위의 두 반응은 어떻게 다른가?

요구와 욕구의 구별 원리

요구와 욕구의 구별 원리(Rosenberg, 2003)는 비폭력 대화를 주창한 임상심리학자 Marshall Rosenberg가 내세운 것으로서, 그는 모든 느낌과 표현의 기저에는 욕구가 있다(1999)고 하였다.[5] 커뮤니케이션 모델에서 언어는 말하는 사람의 '의도'가 언어라는 부호로 코딩된 것이라고 보는 것과 같은 맥락이다. 이는 앞 절의 Goal 단계에서 살펴본 예처럼 '좋은 리더'라는 표현이 의미하는 바가 사람에 따라 각각 다른 현상을 설명해 준다.

코칭에서 피코치의 표현(요구)을 만들어 내는 욕구를 발견하는 것은 매우 유용한 기술이다. 다음의 두 대화를 비교해 보자.

대화 1

피코치: 저는 집에만 들어가면 화가 납니다. 애들 때문이지요. 도대체 무슨 생각을 하고 있는지 모르겠습니다. 공부에는 전혀 관심이 없어요. 심지어 방학이 언제인지 개학이 언제인지도 모른다니까요.

코　치: 자녀분들 때문에 자꾸 화가 나서 힘드시겠어요.

피코치: 그래서 화를 안 낼 수 있는 방법을 찾고 싶습니다.

대화 2

피코치: 저는 집에만 들어가면 화가 납니다. 애들 때문이지요. 도대체 무슨 생각을 하고 있는지 모르겠습니다. 공부에는 전혀 관심이 없어요. 심지어 방학이 언제인지 개학이 언제인지도 모른다니까요.

코　치: 자녀들에 대한 기대가 있어서 화가 나시는군요.

⑤ 현실치료(Glasser, 1961)도 이와 유사한 원리에 근거하여 이론을 전개하고 있다.

피코치: 네. 더 이상 기대하지 말아야지 하는 생각도 여러 번 했습니다. 하지만 포기가 잘 안 되네요.

코　치: 자녀를 어떻게 포기할 수 있겠습니까? 기대를 하는 것이 당연하지요. 단지 기대의 표현이 '화' 라는 형태로 나타나는 것이 문제인 것 같습니다.

대화 1은 피코치의 요구에 반응한 예이고, 대화 2는 피코치의 욕구에 반응한 예다. 욕구를 발견하고 나면 욕구의 표현방법에 여러 가지가 있음을 알게 되고, 이것은 Reality 단계의 핵심인 피코치의 시각 전환에 도움이 된다.

피코치의 욕구를 어떻게 발견할 수 있는가? 답은 '피코치에게는 성장과 행복을 추구하고자 하는 욕구가 있다' 는 코칭의 기본 정신을 가지고 경청하는 것이다. 그래도 피코치에게서 욕구가 발견되지 않으면 피코치를 믿고 질문하면 된다. '어떤 욕구 때문에 집에만 들어가면 화가 나시는지요?' 답은 피코치가 알고 있다.

Box 5-5의 사례에 대해 요구와 욕구를 분리하는 연습을 해 보자.

Box 5-5 요구와 욕구의 구별 원리의 활용 사례연습

저는 책을 좀 더 많이 읽어야 합니다. 코치가 되고자 직장도 그만두었는데 먹고 살아야 하니 자꾸 부업에 시간을 뺏겨서 도통 책을 읽지 못하고 있습니다. 사다 놓은 책들은 쌓여 가는데 읽을 시간이 없어 초조합니다. 코치의 전문성을 기르기 위해서는 시간관리를 해서 책을 읽어야 합니다.

1. 피코치의 요구는 무엇인가?

2. 피코치의 욕구는 무엇인가?

3. 요구에 반응하는 경우와 욕구에 반응하는 경우 코칭은 각각 어떤 방향으로 전개되겠는가?

4. Options: 실행 가능성이 높은 행동계획의 수립

Reality 단계에서 관점의 전환이 일어났다면 행동계획은 저절로 세워진다. 많은 경우에 Options 단계는 코치가 의도적으로 이끄는 것이 아니라 Reality 단계의 대화 중 피코치 스스로 행동변화의 가능성을 발견하고 이에 집중하기 시작함으로써 자연스럽게 시작된다. 이 단계에서 코치는 피코치로 하여금 가능한 한 행동계획을 되도록 많이 나열하게 하고 그중에 가장 실행 가능성이 높은 행동계획을 선택하도록 하는 역할을 한다. 또한 Options 단계의 코치 역할 중 가장 중요한 것은 선택된 행동계획의 실행 가능성을 높이는 일이다. 이러한 행동계획의 특징으로 자기결정성 이론(Deci & Ryan, 2000)과 SMART 법칙을 살펴보기로 한다.

자기결정성 이론

행동계획이 실제로 실행될지 예측할 수 있는 또 하나의 기준은 피코치의 동기화 수준이다. 피코치가 행동계획을 수립한 후 흥분하면서 빨리 코칭을 끝내고 돌아가 실행해 보고 싶은 조급함을 보인다면 그 행동계획에 대한 피코치의 동기화 수준이 높다는 표시다.

인간의 동기에 관한 가장 구체적이고도 포괄적인 이론은 Edward Deci와 Richard Ryan이 주장한 자기결정성 이론(Self Determination Theory)이다. 사람은 스스로 결정하고 책임질 때 동기 부여가 가장 잘 되고, 최고로 몰입하며, 성취감이 가장 강하기 때문에 열심히 노력한다는 것이 자기결정성 이론의 핵심이다.

자기결정성 이론은 '유능성', '자율성', '관계성'의 세 가지를 인간의 기본적 욕구로 보고 있으며, 이 세 가지가 충족되는 행동에 대해서 가장 강하게 동기화된다고 주장하였다. 이는 피코치의 행동계획이 실제로 실행될 것인지를 예측해 주는 지표로 활용될 수 있다. 행동계획이 피코치의 유능감을 충족해 줄수록,

즉 피코치의 강점을 활용하는 것일수록, 자율적인 선택일수록, 그리고 피코치에게 의미있는 사람들과의 관계에 긍정적인 영향을 미치는 것일수록 피코치의 동기화 수준은 높아진다.

피코치의 유능성을 촉진하기 위해서는 가장 쉽고 가장 단순한 변화부터 시작하는 것이, 자율성을 촉진하기 위해서는 '해야 되니까 하는' 계획보다는 '하고 싶어서 하는' 계획을 세우는 것이 좋다. 또한 관계성을 촉진하기 위해서는 주변에 도움을 청할 수 있는지의 여부를 확인하는 것이 필요하다. 관계성과 자율성은 대치되는 개념이 아니다. Deci와 Ryan의 말처럼 자율성은 독립성과는 별개의 것이기 때문이다. 이러한 원칙에 입각하여 피코치의 행동계획을 점검해 볼 수 있는 질문에는 다음과 같은 것들이 있다.

① "행동계획을 보니 어떤 느낌이 드십니까? 이거면 할 수 있겠다 싶은 느낌이 드는지요?"

② "어떠세요? 잘할 수 있을 것 같습니까?"

③ "이러한 행동계획을 실천하면 주변에서 어떤 반응을 보일 것 같습니까?"

④ "이 계획을 실천하면 누가 가장 기뻐할까요?"

⑤ "이러한 행동변화가 주변 사람들과의 관계에 어떤 영향을 미칠까요?"

SMART 법칙

SMART는 본래 목표설정 방법론이다. 하지만 앞에서 살펴본 바와 같이 목표와 이에 대한 행동계획은 수준의 차이가 있을 뿐 공통적인 특징을 가지고 있다. 따라서 목표수립의 원칙인 SMART 법칙을 행동계획 수립의 원칙으로도 활용할 수 있다.

SMART는 다음과 같은 의미를 가지고 있다.

- Specific(구체적인): 정확히 무엇을 하려고 하는가?
- Measurable(측정 가능한): 행동실행 여부를 어떻게 판단할 것인가?
- Achievable(달성 가능한): 피코치가 해낼 수 있는 일인가?
- Realistic(현실적인): 현실에서 가능한 일인가?
- Time-bound(기한이 정해져 있는): 언제쯤 목표를 달성할 것인가?

이 원칙에 입각해 보면 '자녀에게 칭찬을 더 많이 한다' 와 같은 계획은 그다지 좋은 행동계획이라고 할 수 없다. 행동계획은 '자녀에게 하루에 한 번 칭찬을 하고 이러한 노력을 일주일 동안 계속한다' 와 같이 진술되어야 한다. Box 5-6의 사례들을 SMART 원칙에 맞추어 수정해 보자.

Box 5-6 SMART 원칙에 따른 행동계획 수립 사례연습

SMART 원칙에 따른 행동계획 수립

부하직원의 강점을 발견한다.

재취업을 위한 정보를 수집한다.

대기업에서 일하고 싶다.

적성에 맞는 전공을 찾고 싶다.

5. Will/Wrap up: 행동계획이 실천될 수 있는 장치 마련/결론

Will/Wrap up 단계에서는 세션을 마무리하는 작업을 한다. 가장 중요한 것은 수립된 행동계획을 반드시 실행할 수 있도록 하는 것이다. 초기의 코칭에서는 이를 위해 실천의지를 다짐하는 방법을 사용하였다. 그러나 '의지만으로 변화가 일어나는 것은 아니다. 변화를 쉽고 즐겁게 하려면 시스템을 마련해야 한다. 다이어트에 성공하려면 그릇을 작은 것으로 바꿔라'라는 Hearth와 Hearth (2010)의 주장 이래 Will 단계의 진행도 진화하였다. 요점은 실행할 수밖에 없는 환경을 조성하는 것이다. 다음과 같은 방법을 사용할 수 있다.

- 상호 책임: 행동실행을 같이 할 수 있는 사람을 찾아 약속을 한다. 운동하기 싫어하는 사람도 개인 트레이너와 시간약속을 하면 헬스장에 가게 된다.
- 지원망(supporting network) 마련: 행동실행에 대해 긍정적인 피드백을 해 주거나, 행동실행을 하지 못했을 때 이를 일깨워 줄 수 있는 사람이 있으면 도움이 된다.
- 코치의 중간 모니터링: 상호 책임과 비슷한 효과가 있다. 세션 사이에 코치가 전화 혹은 이메일로 모니터링을 하기로 약속하면 행동실행의 확률이 높아진다.

장치가 마련되었다면 코치는 피코치에게 이번 세션에서 인상 깊었던 점을 요약해서 말해 달라고 요청한다. 이를 통해 피코치는 세션에서의 주요 경험을 정리할 수 있고, 코치는 피코치의 내적 경험을 경청함으로써 자신이 진행한 코칭세션에 대한 피드백을 받을 수 있다.

제6장
단계 3: 변화성취 및 확장

행동의 변화가 완성되면 오랜 기간 지속되고
유사한 상황에서도 확장적으로 적용될 수 있다
(Baer, Wolf, & Risley, 1968).

1. 성공패턴의 발견
2. 변화된 자아상의 확립
3. 변화행동의 일반화

이 장의 목표

1. 피코치의 변화 성공요소를 추출해 낼 수 있다
2. 피코치가 변화된 자아상을 구체화하도록 도울 수 있다.
3. 코칭 종료 후에도 피코치 스스로 자신의 변화원리를 확장적으로 적용하도록 도움을 줄 수 있다.

변화시도 단계에서 코칭목표와 관련하여 작은 성공경험들이 누적되고 이 과정에서 자기효능감의 상승을 확인하였다면 이제 코칭은 변화의 마지막 단계인 변화성취 및 확장 단계로 접어든다. 변화성취 및 확장 단계는 그간의 피코치의 노력을 치하하고 작은 성공경험들에 대해 의미를 부여하는 작업부터 시작한다. 이 작업 중에—특히 앞 장에서 언급한 RE-GROW 프로세스에 따른 코칭을 진행했다면— 피코치는 어떠한 조건에서 자신이 보다 쉽게 변화를 이루어 내었는지에 대한 통찰을 얻게 된다. 이를 피코치의 '성공패턴의 발견'이라 부르며, 변화성취 및 확장 단계의 첫 번째 과제다. 변화는 점진적인 과정이므로 코칭 프로그램이 마무리되는 시점에 달성 정도가 100%가 아니어도 크게 문제되지 않는다. 단지 '나는 예전의 행동보다는 새로 시도했던 행동을 이제 더 자주 할 수 있다' 라는 자신감만으로도 충분하다. 이 자신감을 바탕으로 변화성취 및 확장 단계의 두 번째 과제인 '변화된 자아상의 확립'이 이루어진다. 세 번째이자 마지막 과제는, '변화행동의 일반화'다. 이는 변화를 성취했던 것과 유사한 영역에 코칭에서 경험한 변화 방법론을 적용함으로써 스스로 변화를 이루어 내는 것을 말한다. 이 장에서는 변화성취 및 확장 단계의 세 가지 과제를 다루는 방법을 좀 더 자세히 알아보겠다.

1. 성공패턴의 발견

피코치가 코칭 중에 경험하는 것은 문제해결 혹은 목표성취뿐 아니라 문제를 해결하는 방법, 목표를 성취하는 방법에 대한 학습이 포함된다. 그런데 문제를 해결하거나 목표를 성취하는 방법은 문제나 목표에 따라 고정된 한 가지 방식이 있는 것이 아니라 개인마다 가장 적합한 방식이 존재한다는 것이 코칭의 관점이다. 따라서 변화시도 단계에서 경험한 작은 성공들을 반추해 보면 피코치 개인에게 가장 적합한 변화요소를 발견할 수 있다. 보다 구체적인 예를 살펴보자.

“미국의 어느 골프 스쿨에서는 골프를 배우고자 하는 사람이 처음 왔을 때 코치가 아무런 레슨도 하지 않고 그저 무조건 공을 쳐보라고 요구한다고 한다. 어리둥절한 채로 몇 번의 시도를 하다가 우연히 잘 맞은 공이 있을 때 코치가 질문한다. ‘지금 어떻게 쳤습니까?’ 우연히 잘 맞은 것이니 배우는 사람은 대답을 할 방법이 없다. ‘그럼 계속해 보시지요.’ 이제 공을 치는 사람은 자신을 관찰하면서 치기 시작한다. 그리고 다음에 잘 맞은 공이 있으면 자신이 어떻게 해서 잘 쳤는지를 설명할 수 있게 된다. 이런 경험들이 모여서 결국은 자신에게 가장 효과적인 방법을 발견해 내고, 이렇게 골프를 배우는 것이 전통적인 방법보다 더 빠른 시간 안에 더 만족스러운 결과를 가져온다는 것이다.”

위의 예는 Gallwey가 『이너게임』에서 주장한 학습원리와 맥을 같이한다. 같은 원리로 코칭과정 중의 성공경험들에 대해 그 ‘비결’을 탐색하면 성공요소를 발견할 수 있고, 그것들이 충분히 쌓이면 피코치의 성공패턴이 된다.

성공요소에 대한 탐색은 변화시도 단계에서도 꾸준히 진행되지만, 특히 변화성취 단계에서 수면 위로 떠오른다. 이 과정은 다음과 같이 진행될 수 있다.

① 행동시도 단계에 경험한 의미있는 성공 사례의 공유: "지금까지 시도했던 행동들 중 이것은 그래도 좀 의미 있는 결과가 있었다고 생각되는 것들을 찾아보겠습니다."

② 각 사례의 성공 요소 탐색: "이 행동계획은 특별히 실천이 잘 된 것 같습니다. 다른 행동계획의 실천에서와 다른 점이 있었는지요?"

③ 성공 요소들의 연결: "지금까지 찾아낸 것들이 ○○님의 행동변화를 성공시킨 요소들이었습니다. 이를 보고 '나는 ○○ 경우에 목표를 성취하기 쉽다'라는 문장을 만들어 보면 어떨까요?"

이 작업을 하고 나면 피코치는 코칭에서 목표를 성취한 것에 그치지 않고 목표성취의 방법을 알게 된다. 물고기를 잡았을 뿐만 아니라 물고기를 잡는 방법까지 알게 된 것이다. Tool 6-1과 Tool 6-2와 같은 양식을 활용할 수 있다.

성공패턴의 발견을 위한 양식 샘플 Tool 6-1

내게 의미 있는 성취

지금까지의 노력을 되돌아보면서 의미 있었던 작은 성취들을 떠올려 봅니다. 무엇이 그 성취를 가능하게 했습니까?

내게 의미 있는 성취	의미 있는 이유	성취를 촉진한 요소
1.		
2.		
3.		
4.		
5.		
6.		
7.		
8.		

성공패턴의 정리 양식 샘플 Tool 6-2

나의 성공비결 진술서

코칭에서의 성공경험을 되새겨 보며 다음의 문장을 완성해 보겠습니다.

1. 나는 ____________________ 목표가 있을 때 변화에 성공한다.

2. 나는 ____________________ 계획이 있을 때 변화에 성공한다.

3. 나는 ____________________의 도움이 있을 때 변화에 성공한다.

4. 나는 ____________________ 조건이 갖추어졌을 때 변화에 성공한다.

5. 그 밖에 나의 성취에 도움이 되었던 요소들

-
-
-
-
-
-

2. 변화된 자아상의 확립

자아상이란 자신의 존재, 능력 또는 역할 등에 대한 자기 자신의 주관적인 평가와 견해다. 자아상은 타인의 평가와 일치하지 않을 수도 있다. 변화시도 단계에서 작은 성취경험이 누적되었다면 필연적으로 자신에 대한 평가가 달라진다.

피코치가 변화시도 단계에 있는지 변화성취 단계에 있는지를 알 수 있는 한 가지 방법은 피코치 스스로 자신을 어떤 사람으로 생각하는지를 질문해 보는 것이다. 피코치 스스로가 자신을 '주로 변화된 행동을 하지만 가끔은 (누구나 그렇듯이) 실수를 하는 사람'으로 생각하는지, 아니면 '변화의 방법을 알지만 아직은 행동에 옮기기가 어려운 사람'으로 생각하는지, 즉 어떤 '자아상'을 가지고 있느냐에 따라 피코치의 변화단계를 구분할 수 있다. 의심할 바 없이 전자의 경우는 변화성취 단계에 있고, 후자의 경우는 변화시도 단계에 있다.

다시 한 번 강조하지만 코칭에서는 변화를 점진적인 과정으로 본다. 목표하는 행동과 그렇지 않은 행동은 섞여서 나타나며, 피코치의 실행 노력과 환경적 지원에 따라 목표하는 행동의 빈도가 점점 증가된다. 여기서 어느 정도의 비율이 되어야 변화를 성취했다고 볼 수 있는가라는 의문이 제기되는데, 그것은 피코치 자신이 결정한다. 코치가 '당신은 80% 정도 실행을 하고 있으니 이제 변화를 성취했다고 할 수 있습니다. 당신은 변화했습니다'라고 정해 줄 수는 없다. 위에서 말한 대로 자아상이란 지극히 주관적이기 때문이다.

다음과 같은 질문으로 피코치의 자아상 변화를 확인해 볼 수 있다.

- "코칭을 시작하기 전과 달라진 것은 무엇입니까?"
- "코칭에서의 경험을 토대로 '나는 ○○○한(하는) 사람이다' 라는 문장을 만들어 본다면 어떤 것들이 있습니까?"

'성공패턴의 발견' 과 더불어 '변화된 자아상의 확립' 을 위한 작업은 자연스럽게 코칭의 성과점검과도 같은 효과를 갖는다. 성과점검과 함께 이 과정을 진행하려면 Tool 6-3을 활용할 수 있다.

성과점검 및 변화된 자아상의 확인 양식 샘플 **Tool 6-3**

코칭성과 reflection

코칭목표와 관련하여 성과를 평가해 보겠습니다.

1. 코칭 초기에 세운 목표 중 가장 만족스럽게 다루어진 목표는 무엇입니까?

1-1. 성취 정도를 %로 나타내 봅니다. ________%

1-2. 성취에 대한 만족도를 %로 나타내 봅니다. ________%

1-3. 성취 내용을 구체적으로 정리해 봅니다.

① 인식측면의 변화	
② 감정측면의 변화	
③ 행동측면의 변화	

2. 코칭 초기에 목표하지는 않았지만 코칭과정 중에 얻은 성과들을 정리해 봅니다.

① 인식측면의 변화	
② 감정측면의 변화	
③ 행동측면의 변화	

3. 위의 내용을 종합하여 나의 달라진 모습을 한 문장으로 표현해 봅니다.

3. 변화행동의 일반화

일반화란 행동주의 심리학에서 유래된 용어로, 특정 자극에 대한 반응을 훈련한 후 훈련상황 밖에서 관련 자극이 있을 때 반응하는 것을 말한다. 종소리에 반응하도록 훈련된 개가 이와 유사한 벨소리 등에도 반응했던 실험을 기억할 것이다(Pavlov, 1941: Olson & Hergenhahn, 2005 재인용). Baer, Wolf와 Risley(1968)는 이러한 원리를 인간의 행동에 적용시킨 분석연구 끝에, '행동의 변화가 완성되면 오랜 기간 지속되고 유사한 상황에서 확장적으로 적용될 수 있다'고 결론지었다. 또한 Stokes와 Baer(1977)는 행동의 일반화가 수동적인 것이 아닌, 즉 의도하지 않아도 저절로 일반화 반응을 보이게 '되는' 것이 아닌 능동적인, 다시 말해 이미 학습한 행동을 유사한 상황에서 의도적으로 수행 '하는' 과정이라고 주장하였다.

이 개념을 코칭에 대입하면, 피코치는 코치와 함께 경험한 변화방법을 본인의 다른 이슈에도 적용할 수 있게 된다. 코칭을 통해 부하직원과의 소통능력을 향상시킨 리더는 가족이나 친구들과의 소통능력도 향상시킬 수 있고, 업무상의 협상능력이 향상될 수도 있다. 이것은 소극적 의미의 일반화이다. 만약 피코치가 적극적 의미의 일반화를 한다면, 그리고 코칭과정에서만큼 전념한다면 삶의 각 영역에서의 목표를 스스로 달성해 낼 수 있다. 중요하고 시급한 사안에 대해 변화를 위한 목표를 세울 수 있으며, 스스로 다른 관점을 취하고자 노력하는 가운데 통찰을 경험할 수 있다. 이것은 변화를 위해 무엇부터 시작할 수 있는지에 대한 깨달음으로 이어져 행동에 옮길 수 있다. 따라서 피코치가 코칭 종료 이후 스스로의 의지로 변화 혹은 성장을 계속해 나갈 수 있도록 코치는 피코치에게 의미 있는 영역에 대해 현재의 상태를 숙고해 보게 하고 바라는 모습을 그려 보도록 요청한다. Tool 6-4와 같은 양식을 활용할 수 있다.

Tool 6-5는 Tool 6-4에서 도출된 변화가 필요한 영역들에 대해 보다 구체적인

삶의 수레바퀴 **Tool 6-4**

다음은 당신의 인생을 구성하는 중요한 영역들입니다.
각 영역에 대한 현재의 만족도를 최하 0점부터 최고 10점까지 평가하고 각 점을 이어 보십시오.
또한 5년 혹은 10년 후 바람직한 내 모습을 그려 보며 각 영역을 다시 평가해 봅니다.

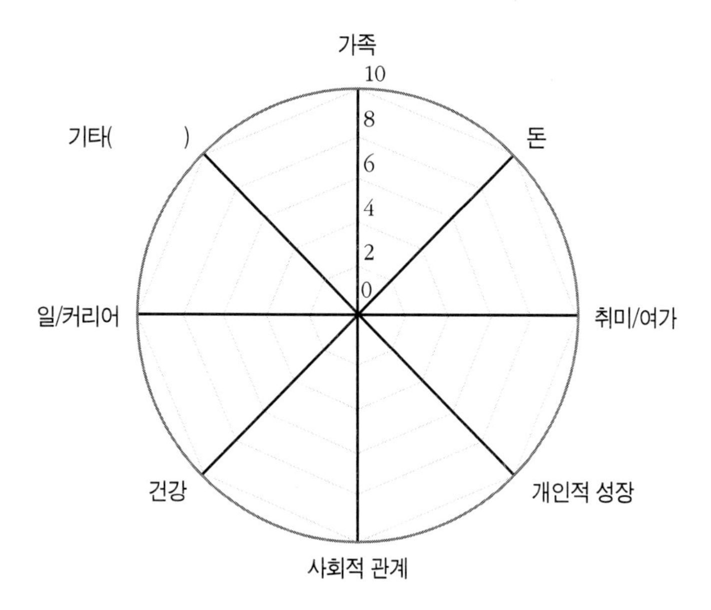

현재와 미래의 차이를 줄이기 위해 변화가 필요한 영역은 무엇입니까?

변화가 필요한 영역	구체적 이슈
1.	
2.	
3.	

영역별 목표수립 양식 샘플 **Tool 6-5**

앞의 삶의 수레바퀴에서 변화가 필요하다고 판단된 영역에 대해 구체적인 목표를 수립해 보겠습니다.

구분	영역 1	영역 2	영역 3
Specific (구체적인)			
Measurable (측정 가능한)			
Achievable (달성 가능한)	%	%	%
Realistic (현실적인)	%	%	%
Time-bound (기한이 정해져 있는)			

목표를 설정하는 데 활용될 수 있는 양식이다.

성공패턴을 발견하고 변화된 자아상을 확인하는 것으로 코칭을 종료할 수도 있다. 하지만 세 번째 과제인 변화행동의 일반화는 코칭의 종료가 피코치에게는 새로운 도전의 시작을 의미하는 효과를 가져온다.

제7장

그룹코칭

우리는 그룹의 힘을 믿는다
(Haney & Leibsohn, 2001).

1. 그룹코칭의 특성
2. 코칭원리의 그룹 적용과 그룹코칭의 독특성
3. 그룹역동이란?
4. GROUP 프로세스

이 장의 목표

1. 그룹코칭의 특성을 알고 이를 설명할 수 있다.
2. 그룹역동의 원리를 이해하고 이를 그룹코칭에 활용할 수 있다.
3. 코칭의 원리를 그룹코칭에 적용할 수 있다.
4. GROUP 프로세스에 따라 그룹코칭을 진행할 수 있다.

우리는 '코칭'이라 하면 자연스럽게 일대일 코칭을 떠올린다. 코칭의 뿌리가 일대일 관계이기 때문일 것이라고 추측할 수 있는데, 실제로 현장에서 활용되고 있는 그룹[1] 코칭의 빈도를 고려해 본다면 그룹코칭에 대한 논의는 매우 부족하다고 생각된다. 연구 또한 일대일 코칭의 현상에 대한 것에 집중되어 있다(Stelter, Nielsen, & Wikman, 2011). 제1장에서 언급한 바와 같이 2013년 12월 현재 PsycINFO에서 '코칭심리학'이라는 키워드로 검색하면 3,342편의 논문이 검색되지만 '그룹코칭'이라는 키워드를 사용하면 단 한 건의 논문도 검색되지 않는 실정이다. 단일 기관으로는 코칭에 관해 가장 많은 학술정보를 보유하고 있는 미국 Harvard 대학의 부속기관인 Institute of Coaching의 자료실에서도 2013년 12월 현재 그룹코칭을 주요 연구주제로 한 4편의 논문만이 검색된다. 그중 두 편은 연구자들이 실시한 그룹코칭 프로그램의 진행내용을 서술하였고(Kets de Vries, 2005; Ward, 2008), 한 편은 경험연구이며(Stelter, Nielsen & Wikman, 2011), 한 편만이 그룹코칭의 원리에 대한 내용을 담고 있다(Brown & Grant, 2010).

학자들 간에는 아직 그룹코칭의 정의조차 합의되어 있지 않은 것 같다. 드물

[1] '그룹'의 우리말 번역은 '집단'이다. 그룹에 관한 대부분의 우리말 자료에서 '그룹'은 '집단'으로 번역되어 있다. 하지만 코칭에서는 '집단코칭'보다는 '그룹코칭'이 더 익숙한 표현이다. 독자의 혼란을 줄이기 위해 이 장에서는 '집단'으로 표현되어 있는 기존의 자료를 인용하는 경우에 필요에 따라 '그룹'으로 바꾸어 소개하였다.

게 그룹코칭에 관한 학술자료를 보게 되어도 그룹코칭을 '한 명(혹은 복수)의 코치가 두 사람 이상의 피코치에게 코칭을 하는 것' 정도로 묘사하고 있고,[2] '그룹코칭의 코치는 그룹의 역동(group dynamics)을 이해하는 것이 필요하다'는 제안만 있을 뿐 그룹의 역동이 무엇인지, 이것이 그룹코칭에 어떻게 적용될 수 있는지에 대한 설명은 찾아볼 수 없다.

이렇듯 그룹코칭에 대한 원리가 구체화되지 않은 상황에서 현장에 있는 코치들은 다양한 방법으로 그룹코칭을 진행하고 있다. 이 장에서는 그룹코칭의 특성을 먼저 살펴보고, 그룹코칭의 기반이 되는 코칭의 원리들과 그룹코칭의 독특성을 만들어 내는 그룹역동, 그리고 그룹코칭의 프로세스인 GROUP 모델을 살펴볼 것이다.

1. 그룹코칭의 특성

그룹 vs. 팀

그룹이란 사회적 관계에 의해서, 그리고 그 관계 내에서 연결되어 있는 둘 이상의 개인이다. 개인의 힘으로 해결할 수 없는 공동의 목표를 완수하기 위해 둘 이상의 사람이 모여 과제지향적인 상호작용을 지속적으로 하는 경우 우리는 이를 팀이라 부른다(Forsyth, 2001). 즉, 모든 팀은 그룹이지만 그룹 중에는 팀이 아닌 경우도 있다.

코칭에서는 통상 이미 같은 팀으로 일하고 있는 구성원들에게 코칭을 제공

② 코칭의 인접 영역인 상담에도 '집단상담'이라는 형태가 있다. Haney와 Leibsohn(2001)의 정의에 의하면, 집단상담은 '내담자들이 개인들 그리고 집단의 참가자로서 그들 자신의 자각을 증가시키고, 변화의 가능성을 탐색하고, 집단 내에서 변화와 관련된 것을 실행에 옮기기 위해 상호작용하는 것'이다(주은정, 주은지 공역, 『15가지 집단상담기술』, p. 14). 이러한 집단상담의 정의에 비하면 그룹코칭의 정의는 매우 빈약하다고 할 수 있다.

하는 것을 '팀코칭'이라 부르고, 같은 팀이 아닌 사람들이 코칭을 받기 위해 그룹을 이룬 경우를 '그룹코칭'이라 부른다.

코칭을 받는 한 그룹은 '그룹코칭의 목표달성'이라는 공동의 목표를 가지고 있고 다회코칭을 통해 지속적인 상호작용을 한다는 특성을 갖지만 엄격한 의미로는 팀이라고 볼 수 없다. 팀의 구성원들은 팀의 목표에 기여할 수 있는 각각 다른 전문적인 능력을 가지고 있고, 팀의 성공은 이러한 개별적인 자원을 어떻게 효과적으로 조합하느냐에 좌우된다. 즉, 팀은 구조화된 집단이다. 또한, 팀에서의 성공과 실패는 집단 수준의 성공과 실패다. 팀원 각각의 개별적인 수행성과와는 무관하게, 팀의 성과는 팀원 전체가 공유하도록 되어 있다.[3] 이에 비해 그룹코칭은 '혼자서는 완수할 수 없는 과제를 수행하기 위해서'가 아니라 '개인코칭과는 다른 경험을 하기 위해서' 실시하는 것이고, 피코치들 개인의 특수한 능력을 코칭의 목표를 달성하는 데 활용하도록 미리 의도되지 않은 채 그룹이 구성되며, 그룹의 성공이 곧 개인의 성공으로 간주되지는 않는다. 따라서 코칭을 받기 위해 구성된 그룹을 팀으로 보는 것은 적절하지 않다. 오히려 함께 팀코칭을 받는 팀원들을 '코칭그룹'의 구성원이라고 보는 것이 적절하다. 그룹코칭에서 개인의 역할은 팀에서의 그것과 다르기 때문이다.

그룹과 팀을 이렇게 세밀하게 구분하는 이유는 그룹코칭의 구성원을 그룹으로 볼 것이냐 팀으로 볼 것이냐에 따라 그룹코칭의 현상에 대해 그룹 영역에서 연구된 이론과 원리를 적용할지 팀에 대한 연구결과를 적용시킬지가 결정되기 때문이다.[4]

③ 축구팀이나 야구팀 같은 스포츠 팀을 연상하면 팀의 본래적 의미를 쉽게 이해할 수 있다(주은정, 주은지 공역, 『15가지 집단상담기술』, p. 363을 재정리함).

④ 그룹코칭에 관한 문헌들에서는, 특히 학자들의 것이 아닌 경우에 그룹코칭과 팀코칭의 구분을 명확히 하지 않은 경우가 있어 주의할 필요가 있다.

그룹코칭 vs. 그룹 퍼실리테이션

그룹코칭에 대한 논의를 시작하면 가장 먼저 해결해야 하는 문제가 '그룹코칭이 액션러닝과 같은 소그룹 퍼실리테이션과 어떤 차이점을 가지고 있는가?'다. 이에 대해 Clutterbuck(2007)은 다음과 같은 의견을 제시하였다. "소그룹 활동의 퍼실리테이터는 그룹의 대화진행을 관리하고 구성원들로 하여금 결정을 내리도록 하는 데 초점을 두는 반면, 그룹코칭의 코치는 대화진행의 관리를 구성원들이 직접 할 수 있도록 위임하고 목표달성에 초점을 둔다. 코치는 좀 더 적극적으로 피드백을 제공하고, 개인이 그룹에서 다루어지고 있는 이슈를 이해할 수 있도록 자신만의 공간(space)을 확보해 준다. 퍼실리테이터는 구성원들로부터 한 발 떨어져 촉매(catalyst)의 역할을 하나 코치는 구성원들과 하나가 되는 시약(reagent)[5]의 역할을 한다." (Brown & Grant, 2010 재인용)

이론적으로 혹은 개념적으로 그룹코칭의 코치와 소그룹 활동의 퍼실리테이터의 역할을 구분하는 것은 분명히 유용하다. 제1장에서 언급한 바와 같이 어떤 영역이든 탄생의 초기에는 '새로운 것'이 '기존의 것'과 무엇이 다른지를 증명해야 그 존재의 필요성이 입증되기 때문이다. 하지만 그룹코칭의 실제 상황에서는 필요에 따라 두 역할이 혼합되어 나타날 수 있고, 이것은 아마도 소그룹의 퍼실리테이터에게도 마찬가지일 것이다.

그룹코칭의 장점

> "그룹에서의 경험은 (중략) 자기발견(self-discovery)의 여행이다. 안전하다고 느끼는 환경이 조성된다면, 의미 있었던 사건이나 상황에 대해 이야기하는 것

5 시약(試藥)은 특정 성분과 만났을 때 화학작용을 일으켜 성분을 분석하는 도구로 쓰인다.

이 개인 내면의 갈등과 위기를 다루는 데 도움이 되고 개인의 삶을 통합하도록 이끈다. 그룹 구성원들에 의한 수용과 지지는 희망을 주고 미래의 변화에 대해 생각하게 한다. 다른 사람들의 이야기를 듣는 것은 자신의 문제를 인식하게 한다. 이것은 인지적 · 정서적 재구성이다." (Kets de Vries, 2005)

인용글은 상당히 낭만적으로 느껴지는데, 그룹코칭이 아니라 Rogers의 대면집단(encounter group)에 관한 서술인 듯하다. 과연 위와 같은 일들이 그룹코칭에서 일어날 수 있을까? 대답은 '그렇다' 이다. 특히 그룹코칭의 코치가 심리역동적(psychodynamic) 접근을 할 수 있는 경우에 가능하다.[6]

우리는 왜 그룹코칭을 하는가? 단순히 경제적인 이유[7] 때문인가, 아니면 그룹코칭이 개인코칭보다 효과적인가? 실제로 그룹코칭이 개인코칭에 비해 효과적이라는 연구결과는 아직 없다(Brown & Grant, 2010). 이는 그룹코칭이 개인코칭에 비해 효과적이지 않다는 의미는 아니다. 동일한 목표에 대해 그룹코칭의 방법론과 개인코칭의 방법론을 적용했을 때 효과성에서 차이가 있는지를 규명한 연구가 아직 수행되지 않았을 뿐이다. 따라서 그룹코칭과 개인코칭 중 어느 것이 더 효과적인지 우리는 아직 '모른다.' 직관적으로 생각해 보면 그룹코칭이 효과적인 경우와 개인코칭이 효과적인 경우가 다를 것이라고 예측할 수 있다. 단지 우리에게 아직 신뢰할 수 있는 근거가 확보되지 않았다.

그룹코칭에 관심이 있는 코치 혹은 학자들은 (비록 근거기반은 아닐지라도) 그룹코

⑥ 코칭에 심리역동적 관점을 적용한다는 것은 심리학기반이 아닌 코치들에게 거부감을 줄 수 있다. 하지만 심리학 배경의 코치들에게 이러한 접근은 가용한 접근 방법의 하나다. 일례로 INSEAD Global Leadership Centre (IGLC)에서는 Psychodynamic Group Leadership Coaching (PGLC)이라는 프로그램을 제공하면서 이 프로그램이 심리역동적 접근방법을 활용한다고 밝히고 있다.

⑦ 여기서 '경제적'이라 함은 그룹 구성원들에게 각각 개인코칭을 제공하는 경우에 비해 시간, 기회비용 측면에서 경제적이라는 의미다.

칭의 장점(benefit)을 다음과 같이 정리하고 있다(Brown & Grant, 2010).

- 그룹에서 수용되는 행동에 대한 이해 및 조절
- 그룹의 심리역동적 과정에 대한 통찰
- 행동변화의 지속성
- 그룹 내의 지원과 신뢰의 발달
- 경청과 소통능력의 개선
- 건설적 갈등 해결
- 개인의 목표, 강점, 가치에 대한 인정
- 책임감의 증가
- 코칭스킬의 개발
- 정서지능(emotional intelligence)의 증가
- 리더십 개발
- 조직에 대한 시스템적 인식의 증가
- 조직 내에서 편협한 사고 방지
- 지식의 전이
- 고성과 팀의 구축
- 조직성과의 향상

2. 코칭원리의 그룹 적용과 그룹코칭의 독특성

그룹코칭이 코칭으로서의 정체성을 잃지 않으려면 현재까지 합의된 코칭의 원리를 충실하게 따르는 것이 필요하다. 제1장과 제2장에서 소개한 코칭의 원리는 다음의 다섯 가지로 요약할 수 있다.

① 피코치 스스로 학습하도록 한다.

② 목표중심의 접근법을 취한다.

③ 긍정심리학적 관점을 갖는다.

④ 성장모델에 기반한다.

⑤ 코칭의 기본 스킬을 활용한다.

이와 같은 원리를 적용할 수 있는 코치의 역량, 즉 그룹코칭에 필요한 코치의 역량도 일대일 코칭에서 요구되는 그것과 크게 다르지는 않을 것이다. 제2장에서 언급한 심리학기반 코치의 역량, 구체적으로 코칭적 관점으로 그룹 구성원을 보면서 성장모델에 따른 접근을 할 수 있는가, 가능성 발견과 의미 부여의 경청 반응을 할 수 있는가, 그룹에게 필요한 전문적 안내를 할 수 있는가 등은 코칭의 형태(일대일 혹은 그룹)에 관계없이 코치에게 요구되는 역량이다.

이에 더해 그룹코칭의 코치에게는 그룹에서 일어나는 현상에 관한 이해를 바탕으로 이를 그룹코칭에 활용할 수 있는 능력이 요구된다. '그룹에서 일어나는 현상'을 우리는 그룹역동이라고 부르며, Ward(2008)는 이 그룹역동이 일대일 코칭과 그룹코칭을 구분하는 단 한 가지 요소라고 주장하였다. 또한 Brown과 Grant(2010)는 그룹코칭의 코치는 그룹역동에 대한 확실한 이해(strong understanding)가 필요하다는 의견을 피력하였다. 필자는 앞선 학자들과 의견을 같이하면서, 그룹코칭을 이끄는 코치의 역량을 개인코칭에 필요한 역량에 '그룹역동의 활용능력'을 더한 것으로 규정하고자 한다.

3. 그룹역동이란?

그룹역동(group dynamics)은 사회심리학[8]의 영역이다. 그룹역동에서는 '그룹의 기본 특징', '그룹 생산성', '그룹 의사결정', '개인에 대한 그룹의 영향', '그룹이 개인의 수행에 미치는 영향', '그룹이 개인의 의사결정에 미치는 영향' 등을 주요 연구과제로 한다(홍대식, 1994). 이 절에서는 그룹역동의 연구에서 밝혀진 내용 중 그룹코칭과 주요한 관련이 있다고 생각되는 '그룹의 발달 단계', '동조효과', '그룹의 의사소통망'에 관한 내용을 다루고자 한다.

그룹의 발달단계

Tuckman(1965)은 한 그룹이 탄생하여 어떤 단계들을 거쳐 원하는 목표를 달성하는가에 대하여 일목요연하게 정리하였다.

새로운 그룹은 형성 단계(forming stage)에서 시작한다. 이 단계에서 그룹의 구성원들은 리더를 확인하고 자기들의 과업의 성질에 대해 논의한다. 그다음에 그룹은 소란 단계(storming stage)에 들어가는데, 이 단계에서 구성원들은 자기들의 개인적 욕구를 충족시키기 위해 그룹의 변화를 시도한다. 각 구성원이 통제력을 장악하려고 함에 따라 갈등이 분출된다. 규범설정 단계(norming stage)에서 그룹은 갈등의 감소에 초점을 두고서 구성원들의 행동을 인도하기 위한 규칙을 발전시키고자 한다. 네 번째인 수행 단계(performing stage)에서 구성원들은 공동

⑧ 사회심리학은 사회적 상황 속에 있는 개인 행동의 본질과 원인을 이해하고자 하는 학문으로(홍대식, 1994: 5), 그룹에 관한 연구는 사회심리학에서 가장 많은 발전을 이루었다. 사회심리학의 연구들은 그룹코칭에 그대로 적용할 수 있는 많은 정보를 준다. 예를 들어, Slater(1958)는 5인 집단이 집단 구성원의 정보를 수집하고 교환하여 그 정보의 평가에 기초한 어떤 의사 결정을 행하는 정신적 과업을 취급하는 데 가장 효과적이라고 결론지었다. 이는 우리가 그룹코칭의 크기를 정하는 근거가 된다.

Box 7-1 그룹의 발달단계

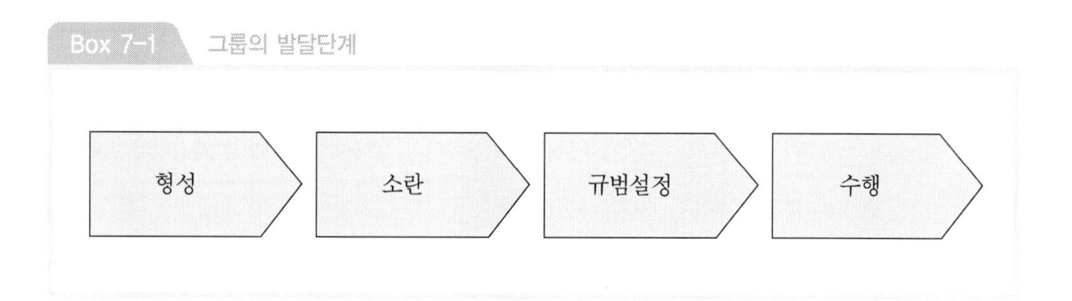

목표를 달성하기 위해서 함께 일한다(홍대식, 1994). Box 7-1에 그룹의 발달단계를 요약하여 제시하였다.

코칭의 특성 중 하나가 목표중심적이라는 점을 고려하면 코칭그룹은 최대한 빨리 수행 단계에 도달하는 것이 바람직하다. 다회로 진행되는 그룹코칭이라 할지라도 코치는 첫 번째 세션에서 그룹이 (완벽하지는 않더라도) 수행 단계의 모습을 갖추도록 진행한다. 이것은 첫 세션의 초기에 그룹코칭의 목적 및 프로세스, 그리고 바람직한 상호작용의 모습을 설명하면서 피코치들 스스로 그룹코칭에서의 규범[9]을 정하게 함으로써 가능하다.

그룹코칭의 초기는 코칭의 변화모델의 변화준비 단계다. 따라서 일대일 코칭처럼 전숙고 단계, 숙고 단계, 준비 단계에 있는 피코치들이 있고, 제4장에서 살펴본 반응들이 유사하게 나타난다. 하지만 일대일 코칭과 다른 점은 각각 다른 변화단계에 있는 피코치들이 하나의 그룹을 이루어 상호작용을 한다는 것이다. 이들은 서로 영향력을 주고받으며, 그리고 코치의 안내에 따라 변화준비 단계의 과제를 해결한다. 코치에 의한 학습보다는 그룹 구성원에 의한 학습이 더 많이 일어날 수 있게 촉진하는 것이 필요하고, 피코치들이 코칭의 관점을 이해한다면 일대일 코칭에서보다 쉽게 변화준비 단계로 이동할 수 있다.

⑨ 그룹코칭에서 흔히 'grand rule'이라 불리는 정도의 내용으로 구성한다.

동조 효과

동조(conformity)란 타인들이 어떤 행동을 하고 있다는 이유 때문에 (외부의 요구가 없을지라도) 자신의 선택으로 그 행동을 하는 것을 말한다. 유행에 따른 복장을 하는 것이 대표적인 예다. 특정 종교인들로 구성된 모임에 참여하게 되었을 때 나도 모르게 그 종교에 대한 호감을 표현한다든지, 심지어는 그 종교를 믿고 있는 것처럼 행동하게 되는 경우가 있는데 이것도 동조행동이다. 모임을 마치고 나면 '그때 내가 왜 그랬지?'라는 의문을 갖는데, 이에 대해 사회심리학자들은 사람들은 옳은 사람으로 보이고 싶은 욕구와 호감을 받고 싶은 욕구 때문에 동조하게 된다고 한다(Schachter, 1951).

그룹코칭에서도 동조현상이 일어난다. 한 의견에 다수의 사람이 동의하는 경우 그것이 본인의 견해와는 다를지라도 동의를 해야만 할 것 같은 느낌이 들어 동의를 해 버리는 것이다. 때때로 그룹코칭에 참여하는 피코치들은 '대세에 밀려서', '불편한 관계를 만들고 싶지 않아서' 평소의 본심과는 다른 발언을 하고 의사결정을 하게 된다. 동조에 의해 결정된 목표나 행동계획이 피코치의 몰입을 이끌어 내기 어렵다는 것은 쉽게 예상할 수 있다. 따라서 코치는 그룹코칭에서의 동조효과를 최소화하려는 노력을 기울여야 한다. 이것은 다른 의견을 개진할 수 있는 분위기 조성으로도 어느 정도는 가능하겠지만, 보다 적극적으로 동조효과를 예방하기 위해서는 그룹코칭의 진행 프로세스에 이를 다루는 단계를 두는 것도 한 방법이다. 구체적인 방법은 다음 절에서 소개하도록 하겠다.

그룹의 의사소통망

의사소통망(communication network)이란 '구성원들 간에 나타나고 있는 반복적인 상호작용의 패턴'으로서, 그룹 내 구성원들 간에 이루어질 수 있는 소통의 형태를 보여주는 전체 그림이라고 할 수 있다. 의사소통망에 대한 연구결과, 특히 의사소통망의 형태와 이에 따른 특징은 그룹코칭에서 의사소통의 망을 어떻게 형성하는 것이 바람직한지에 대한 통찰을 가지게 한다.

Barvelas와 Barrett(1951)는 그룹의 의사소통망의 유형을 다음의 다섯 가지로 분류하였다.

- 쇠사슬형: 소통은 상하로만 이루어진다. 공식적인 명령계통을 가진 조직에서 흔히 볼 수 있는 유형이다.
- 수레바퀴형: 구성원들은 각각 중심인물(리더)과만 소통한다. 구성원들 간의 상호 의존없이 독립적으로 과제를 수행하며 중심인물이 구성원들의 진행 내용을 알고 있다.
- Y형: 쇠사슬형과 수레바퀴형의 혼합된 형태다. 중심인물은 구성원의 일부와 개별적으로 소통하며 어떤 구성원들은 중심인물과의 소통이 없다.
- 원형: 구성원들 간의 상호작용이 중심인물 없이 순환적으로 일어난다.
- 완전연결형: 특별한 형식과 중심인물 없이 소통이 일어난다. 비공식적이고 자유롭게 소통한다.

Box 7-2에 다섯 가지 의사소통망의 유형을 도식으로 제시하였고, Box 7-3에는 의사소통망의 유형에 따른 특징을 요약하였다.

그룹코칭에서는 특히 수레바퀴형의 소통이 되지 않도록 주의를 기울여야 한다. 코치가 피코치 한 사람 한 사람과 대화를 하고 피코치 간의 소통을 유도하지 않는 경우 수레바퀴형의 소통망이 형성된다. 이것은 마치 개인코칭을 모여서 하는 것과 같은 형국이다. 그룹코칭은 '리더가 있는' 완전연결형의 소통망이 가장 적합하다고 볼 수 있다. 앞에서 언급한 대로 그룹코칭의 코치는 피코치들에게 시약과도 같지만 한편으로는 그룹코칭을 이끌어 가는 리더의 역할, 즉 성장지향의 관점으로 대화를 전환하거나, 소통에서 소외되는 피코치가 없도록

Box 7-2 의사소통망의 유형

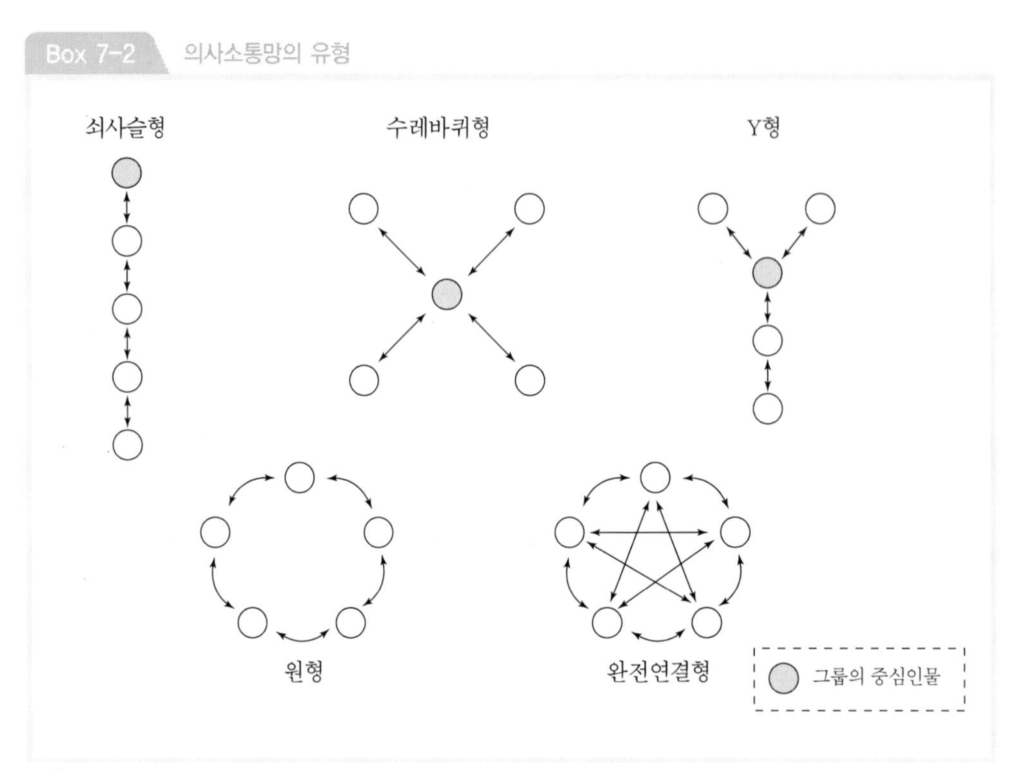

출처: Guetzkow & Simon (1955).

Box 7-3 의사소통망의 유형에 따른 특징

의사소통망과 조직행동

구분	쇠사슬형	수레바퀴형	Y형	원형	완전연결형
의사소통의 속도	중간	단순과업: 빠름 복잡과업: 늦음	빠름	모여 있는 경우: 빠름 떨어져 있는 경우: 늦음	빠름
의사소통의 정확성	문서: 높음 구두: 낮음	단순과업: 높음 복잡과업: 낮음	높음	모여 있는 경우: 높음 떨어져 있는 경우: 낮음	중간
구성원의 만족도	낮음	낮음	낮음	높음	높음
구성원의 몰입 정도	낮음	중간	낮음	높음	높음

출처: Northcraft & Neale (1994).

Box 7-4 그룹코칭의 의사소통망

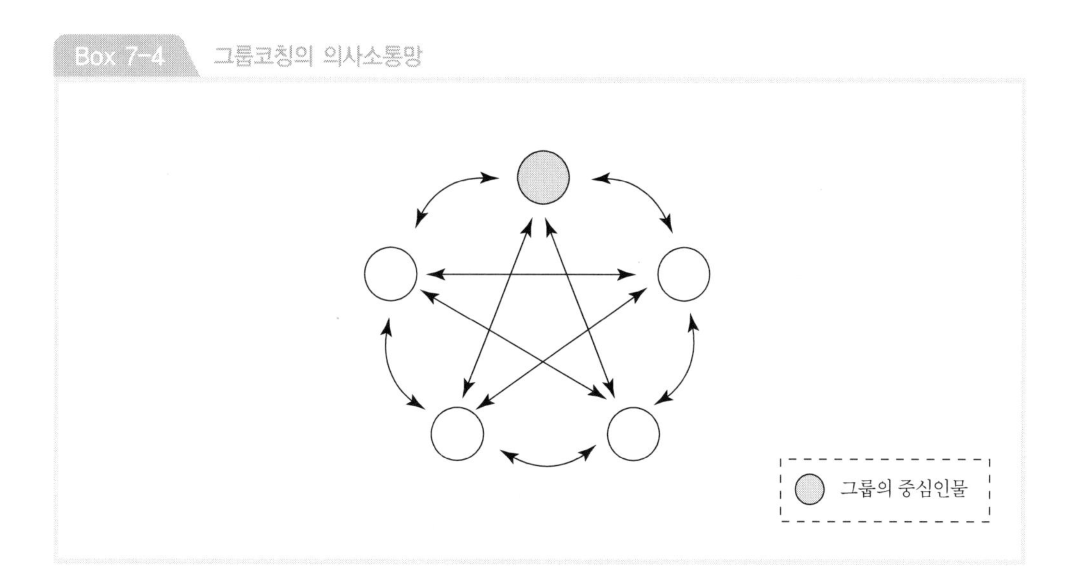

조정하거나, 적절한 질문으로 프로세스를 진행시키는 등의 역할도 해야 하기 때문이다. 그룹코칭의 적합한 의사소통망은 Box 7-4와 같은 형태가 될 것이다.

4. GROUP 프로세스

코칭은 프로세스에 의한 대화다. 우리는 단일세션의 프로세스로 제5장에서 GROW 모델을 검토하였고, 다회세션의 프로세스로 코칭의 변화모델을 제안하였다. 다회로 진행되는 그룹코칭은 코칭의 변화모델을 거의 그대로 적용해도 별 무리가 없다. 인간의 변화과정에 관한 구분이고 개입방법이기 때문이다. 하지만 그룹코칭의 한 세션에 GROW 모델을 적용하는 것은 그룹코칭의 핵심인 그룹의 역동이 반영되지 않았으므로 적합하지 않다(Brown & Grant, 2010). 그룹코칭을 위해서는 새로운 모델이 필요한데, 이에 대해 Brown과 Grant (2010)는 GROUP 모델을 제시하며 그룹코칭 프로세스에 대한 논의의 장을 열었다.

GROUP은 각각 Goal, Reality, Options, Understanding others, Perform의 머리글자다. GROW 모델과 비교해 보면 처음의 세 단계, 즉 GRO는 동일하다. 다른 것은 U와 P인데, U단계에서는 타인의 의견에 대한 자신의 내면의 반응을 고양시켜 이를 소통하는 작업을 한다. 코치는 피코치가 타인의 의견을 판단하지 않고 불확실성과 애매함에 대해 편안히 마음을 열면서 자기 내면에서 일어나는 반응을 살필 수 있도록 돕는다.[10] 이러한 과정을 거치고 나면 피코치들은 타인의 의견에 동조하지 않고 자신의 가치에 따른 행동계획을 선택할 준비가 되는 것이다. P단계에서는 Options 단계에서 도출된 대안 중에서 그룹의 행동계획의 원형(prototype)을 마련하고, 이 원형에 기반을 두어 개인의 행동계획을 수립한다. 세션은 수립된 행동계획이 실행에 옮겨지도록 피코치의 동기 수준을 높이고 스스로 책임질 수 있는 장치를 마련함으로써 마무리된다.

다회세션의 그룹코칭일 경우 이전 세션에서의 행동계획을 점검하는 RE-GROUP(Review, Evaluate, Goal, Reality, Options, Understanding others, Perform) 모델이 적용될 수 있다. Box 7-5에 GROUP 모델을 요약하여 제시하였다.

⑩ 이 과정은 '마음챙김(mindfulness)' 과정과 흡사하다.

Box 7-5 GROUP 프로세스

단계	내용	질문의 예
Goal	• 그룹은 매 세션을 통해 무엇을 성취하고 싶은지를 명확히 한다. • 코칭의 초점을 결정한다.	• 이 세션에서 얻고 싶은 것은 무엇입니까? • 세션 후에 어떤 기분을 느끼고 싶습니까? • 이 시간을 가장 유용하게 활용한다면 어떤 결과가 있겠습니까?
Reality	• 현재의 현실에 대한 인식을 고양한다. • 현재의 상황이 그룹의 목표에 어떻게 영향을 미치는지 점검한다.	• 지난주에 주제와 관련한 일들은 어떻게 진행되었습니까? • 문제를 어떤 방식으로 다루었습니까? • 잘된 것은 무엇입니까? • 잘 되지 않은 것은 무엇입니까?
Options	• 가능한 대안들을 찾고, 평가한다. • 해결중심의 사고와 브레인스토밍을 장려한다.	• 가능한 대안으로 어떤 것들이 있습니까? • 과거에 성공했던 방법은 무엇입니까? • 가능한 방법들 중에 아직 시도해 보지 않은 것은 무엇입니까?
Understanding others	• 그룹은 논의된 것들에 대한 각자의 내면반응과 자신만의 의미 부여를 주의 깊게 관찰하고 이를 공유한다.	• 최선의 대안에 대한 의견은 무엇입니까? • 그(그녀)의 의견에서 무엇을 이해했습니까? • 그것을 들었을 때 당신 내면에서는 어떤 반응이 있었습니까? • 그룹의 관점을 통합할 수 있습니까?
Perform	• 그룹은 다음 단계를 결정한다. • 최선의 대안을 찾아 이를 그룹 대안의 원형으로 한다. • 개인 및 그룹의 행동계획을 개발한다. • 동기를 강화하고 책임감을 확인한다.	• 다음에 할 가장 중요한 일은 무엇입니까? • 그룹 대안의 원형에서 무엇을 배울 수 있습니까? • 이것으로 얻을 수 있는 것은 무엇입니까? • 어떤 지원이 필요합니까? • 이것이 성취한다면 어떤 기분이 들겠습니까?

출처: Brown & Grant (2010), p. 39.

제3부

코칭 프로젝트의 진행

제8장　사전 준비 단계

제9장　메인세션 단계

제10장 사후 마무리 단계

'코칭 프로젝트'란 특수한 목적을 가지고 여러 명의 구성원에게 동시에 코칭 프로그램을 실시하는 경우에 프로그램의 구조를 디자인하고 이를 일괄적으로 진행하여 성과평가를 하는 과정을 일컫는다. 주로 조직에서 코칭을 프로젝트로 진행하는데, 최고 경영진, 신임 임원, 핵심인재 등 일정한 속성을 공유하는 다수에게 제공하는 교육의 한 방법으로 활용되고 있다.

어떤 조직이 구성원들에게 코칭 프로그램을 제공하기로 결정하면, 프로그램을 실제로 설계하고 진행해 줄 전문가 그룹을 찾는다. 전문가 그룹은 코칭 자체를 제공하는 코치진과 사전에서부터 사후에 이르는 모든 작업을 책임지는 프로젝트 리더로 구성된다. 프로젝트 리더는 여러 명의 코치가 투입되는 프로젝트의 내용과 진행의 책임자로, 프로그램을 구성하는 개발자, 진행하는 행정가, 프로그램 도중과 이후에 수집되는 각종 자료를 분석하여 보고하는 분석가의 역할을 한다. 프로젝트 리더는 코치 중의 한 명일 수도 있고 그렇지 않을 수도 있다.

코칭 프로젝트는 사전 준비 단계, 메인세션 단계, 사후 마무리 단계로 나누어진다. 사전 준비 단계란 코치와 피코치의 코칭세션이 시작되기 전에 조직의 담당자와 프로젝트 리더가 코칭 횟수, 세션 간의 간격, 코칭의 형태(개인, 그룹, 혼합형) 및 성과평가 방법의 합의 등을 통해 프로그램의 구조를 마련하고, 사전 진단, 사전 인터뷰, 오리엔테이션 워크숍과 같은 활동을 진행하여 세션을 시작하기 위한 준비작업을 하는 과정이다. 메인세션 단계는 코치와 피코치의 코칭이 (다회로) 진행되는 기간을 말하는데, 이 기간에도 프로젝트 리더는 담당자와의 긴밀한 협조관계를 유지하면서 일정 및 코칭 일지를 관리하고, 착수보고나 중간보고를 하며, 프로그램이 초기에 계획했던 대로 진행되고 있는지를 확인할 수 있는 측정을 적절한 시점에 실시한다. 또한 예기치 않은 상황이 발생했을 때 이를 해결하는 역할도 한다. 사후 마무리 단계는 프로그램에 참가하는 모든 피코치의 마지막 세션이 끝나면 프로그램 피드백, 성과측정 등의 작업 후 프로그램 전체에 대한 최종보고를 하는 단계다.

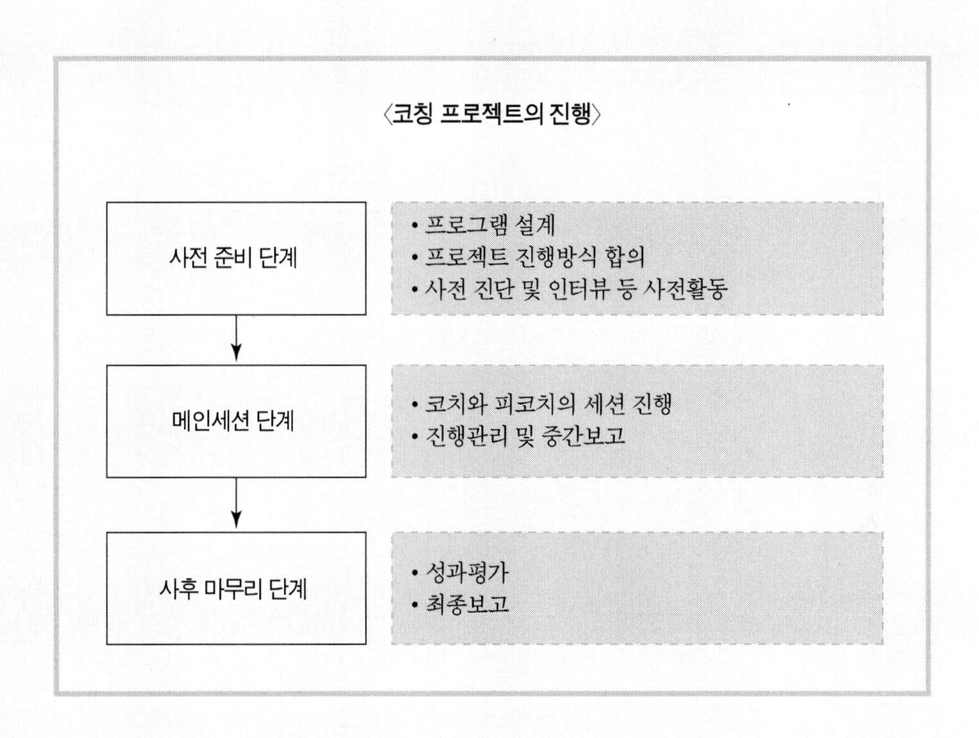

제3부에서는 코칭 프로젝트의 효과성을 높이기 위해 전체적인 흐름에 따라 각 단계에서 활용할 수 있는 기법들을 소개하도록 하겠다.

제8장
사전 준비 단계

Putting the coaching into organization.

1. 실무자 사전미팅
2. 메인세션의 준비도를 높일 수 있는 사전 모듈

이 장의 목표

1. 코칭 프로그램과 코칭 프로젝트를 구분할 수 있다.
2. 조직의 욕구와 상황에 적합한 코칭 프로그램을 구성할 수 있다
3. 프로젝트 리더의 관점을 가질 수 있다.
4. 제시된 사전 모듈을 실시할 수 있다.

코칭 프로젝트는 조직의 요구에서 시작된다. 조직이 특정 계층의 구성원에게 인재개발의 한 방법으로 코칭 프로그램을 도입하고자 결정을 하였다면 조직은 이미 코칭 프로그램에 대한 대강의 아이디어, 흔히 '조직의 욕구'라고 부르는 생각을 가지고 있다. 또한 각각의 조직은 모두 특수한 상황에 있으며 고유의 일하는 방식이 있다. 프로젝트 리더는 무엇보다 조직의 프로그램에 대한 요구, 조직이 당면하고 있는 상황 그리고 일하는 방식에 대해 충분히 이해를 하고 있어야 한다. 프로젝트 리더는 이를 바탕으로 프로그램의 구성과 프로젝트의 진행방식을 결정한다. 이 같은 관점에서 사전 준비 단계에서는 프로젝트 리더에게 개발자의 역할이 가장 강조된다.

한편, 프로젝트 리더는 파악된 내용을 프로젝트에 투입되는 코치들에게 전달할 의무가 있다. 코치들은 코칭세션의 진행에 이를 반영할 뿐 아니라 요구되는 작업들, 예컨대 코칭일지의 작성, 중간 및 최종 평가를 위한 협조사항, 개별 보고서 작성 등의 작업들에 조직의 욕구와 상황 그리고 일하는 방식을 고려하여 협조하는 것이 필요하다.[1]

[1] 영국의 '코칭심리학 특별 연구회(The Special Group of Coaching Psychology)' 는 2007년 콘퍼런스의 슬로건을 'Putting the psychology into coaching' 으로 하여 코칭에 대한 심리학자들의 관심을 촉구하였다. 이 콘퍼런스 후 Palmer와 Whybrow(2008a)는 「The art of facilitation: Putting the psychology into coaching」이라는 논문을 통해 구체적인 의견을 제시하였다. 필자는 조직에 대한 코치들의 관심을 촉구하면서 이 표현을 차용하여 모든 비즈니스 코치에게 'Putting the coaching into organization' 이라는 제안을 한다.

비즈니스 코칭에는 두 종류의 고객이 있는데, 하나는 코칭을 받는 피코치들이고 다른 하나는 프로젝트를 도입하고 운영하는 담당팀이다. 피코치는 코칭 세션 자체가 충분했고 목표를 달성했을 때 만족하고, 담당팀은 프로젝트가 초기의 요구를 충족시켰고 본인들이 일하는 방식에 적합한 상호작용 및 결과물이 있을 때 만족한다. 즉, 피코치는 프로그램을 평가하고 담당팀은 프로젝트를 평가한다. 코치는 두 번째 고객인 담당팀을 만족시키는 노력이 그다지 중요하지 않다고 생각할 수 있는데, 이것은 좀 위험한 생각이다. 조금 과장되게 표현해서 피코치들만 만족하고 담당팀은 만족하지 않았다면 프로그램이 다시 실행될 가능성이 낮아지기 때문이다. 코칭 프로그램처럼 외부 전문가를 활용하는 근로자 지원 프로그램(Employee Assistance Program, EAP)에 대한 연구에서 Wrich(1985)는 EAP의 위험요소가 임상적 능력의 부족이 아니라고 주장하였다.

> "이제까지 임상적인 문제 때문에 실패한 EAP는 단 한 건도 없었다고 해도 과언이 아니다. 우리가 경험한 바에 따르면, 실패하는 경우는 행정이나 정책 문제, 충분한 평가의 부족, 평가자료에 관한 부적절한 의견 교환에 기인했다. 보통 실패의 원인은 프로그램의 초기 시작과정에서 비롯될 가능성이 높다."
> (전종국, 왕은자, 심윤정, 2010: 166)[2]

이 장에서는 먼저 사전 준비 단계에서 중점을 두어야 하는 실무자 사전 미팅의 주요 의제를 살펴보고, 메인세션이 시작되기 전에 피코치의 준비도를 높이기 위해 활용할 수 있는 모듈을 소개하겠다.

② Carroll의 *Workplace Counselling*이 2010년에 『기업상담』이라는 제목으로 번역되어 국내에서 출간됨.

1. 실무자 사전 미팅

실무자 사전 미팅은 조직의 담당자와 프로젝트 리더가 프로그램의 설계를 위한 논의와 프로젝트의 진행방식에 대한 합의를 목적으로 실시한다.

프로그램의 설계

프로젝트 리더는 조직이 원하는 바가 무엇인지, 코칭 대상자(예비 피코치)와 조직의 특성이 어떠한지를 면밀히 분석하여 최적의 코칭 프로그램을 설계한다. 프로그램 설계에는 사전 준비 단계를 어떻게 구성할 것인지도 포함되는데, 다음과 같은 내용을 확인하는 것이 필요하다.

① 코칭 프로그램을 제공하려는 목적은 무엇인가?

조직에서 어떤 프로그램을 도입하는 데는 반드시 목적이 있다. 코칭 프로그램의 목적은 크게 세 가지로 나누어진다. 첫 번째는 '성장'을 위한 코칭 도입이다. 이 경우, 코칭 대상자는 우수한 인재군에 속해 있을 확률이 높다. 현재로서도 성과를 잘 내고 있지만 코칭을 통해서 더 발전하여 조직원으로서의 효과성을 더욱 높이거나 다음 단계로의 도약을 준비한다. 두 번째는 '교정'을 목적으로 하는 코칭이다. 성과 측면에서는 우수하나 사람 관리에 어려움을 겪는 경우가 가장 많고, 성과가 침체된 경우, 개인적인 어려움이 있어 관리가 필요한 경우 등이 있다. 마지막으로는 '적응'을 위한 코칭이다. 신임 임원이나 외부에서 영입된 리더, 합병이나 신설 등의 이유로 조직이 극심한 변화기에 있는 경우, 또는 지금까지의 경험에 비해 매우 새로운 역할을 수행해야 하는 경우 등이 이에 해당된다.

'성장', '교정', '적응'으로 분류될 수 있는 코칭 프로그램의 목적은 프로그램에 대한 기대사항이기도 하다.

② 코칭 대상자(피코치)의 특성은 어떠한가?

코칭 대상자의 특성은 프로그램의 목적에서도 어느 정도 드러난다. 하지만 그 외에도 지금까지의 교육경험이라든지, 업무 로드의 정도, 업무특성, 성향 등은 프로그램의 구성에서 참고해야 할 부분이다. 예를 들어, 출장이 많은 대상자들이라면 한자리에 모여야 하는 워크숍이나 그룹코칭 등은 프로그램에 포함하기 어렵다.

③ 예산 및 기간은 어떠한가?

조직이 계획하고 있는 예산 및 기간은 사전 준비 모듈의 선택, 코칭 횟수, 간격, 형태(일대일, 그룹, 혼합형 등)를 결정하는 데 중요한 영향을 미친다.

④ 진단도구를 어떻게 선택할 것인가?

진단을 할 것인지, 한다면 어떤 도구가 적합한지, 고객사가 이미 진단결과를 가지고 있다면 그것을 어떻게 활용할지 등을 결정한다.

⑤ 프로그램의 성과평가는 어떻게 할 것인가?

조직이 코칭 프로그램에 투자를 했다면 투자에 대한 성과가 무엇인지를 알고자 하는 것이 당연하다. 성과평가는 누가, 어느 시점에, 어떤 방식으로 할지에 대한 합의가 필요하다. 이것은 코칭 프로그램의 설계에 반영된다.

이 사항들을 고려하여 다음의 내용이 모두 결정되면 프로그램의 설계를 마친 것이다.

① 사전 인터뷰 진행 여부

만약 실시한다면 기간과 인터뷰의 내용에 대한 결정이 필요하다.

② 사전 진단 실시 여부

만약 실시한다면 어떤 도구를 사용할 것인지, 실시 기간과 방법에 대한 안내를 어떻게 할 것인지, 결과에 대한 해석은 누가 언제(오리엔테이션 워크숍에서 단체로 혹은 코치가 세션 중에 개별적으로 등) 할 것인지 결정한다.

③ 오리엔테이션 워크숍의 실시 여부

만약 실시한다면 언제 어떤 내용으로 구성할지에 대한 결정이 필요하다.

④ 전체 세션의 횟수와 형태 및 세션 간 간격 결정

몇 번의 세션으로 구성할 것인지, 일대일 코칭으로만 진행할 것인지, 그룹코칭으로만 진행할 것인지, 일대일 코칭과 그룹코칭의 혼합형으로 진행할 것인지 결정한다. 만약 혼합형으로 진행한다면 일대일 코칭과 그룹코칭을 몇 번

Box 8-1 코칭 프로그램 샘플

A사 임원 리더십 코칭 프로그램 개요

1. 코칭목표: 리더십 역량 향상 2. 대상자: 신임 임원 10명 3. 코칭기간: 약 4개월

4. 프로그램 내용

	사전 진단	사전 워크숍	일대일 코칭 5회	수료 워크숍
내용	조직의 인재상에 기반을 둔 리더십 역량 진단	• 진단결과 디브리핑 • 프로그램 오리엔테이션 • 코칭목표 도출	RE-GROW • 목표수립 • 행동계획 • 실행점검	• 진행경과 공유 • Best Practice 발표
R&R	담당팀	프로젝트 리더 및 담당코치	담당코치	담당팀 프로젝트 리더
방법	온라인	워크숍(4시간) 그룹코칭(2시간)	면 대 면 (회당 60분 내외)	워크숍(3시간)
기간	1주	1일(6시간)	2주 1회(2.5개월)	1일(3시간)

씩 할 것이며 순서를 어떻게 배열할 것인지도 결정한다.

⑤ 세션 별 개입방법 결정

코칭의 변화모델이 제시하는 과업의 수행을 촉진하기 위해 각 세션의 주요 의제를 선정하고 활용 워크시트를 구성한다.

⑥ 성과측정 방법 결정

프로그램의 목적에 비추어 무엇을 성과로 볼 것인지를 구체화하고 이를 가장 효과적으로 측정할 수 있는 시기와 방법을 정한다.

Box 8-1은 완성된 코칭 프로그램의 예다.

프로젝트 진행방식에 대한 합의

사전 준비 단계에서는 프로그램의 설계뿐 아니라 담당자와 프로젝트 리더 간에 협업방식에 대한 합의를 해야 한다. 이때 고려할 사항은 다음과 같다.

① 보고는 어떤 방식으로 할 것인가?

보고는 매 세션의 보고, 착수보고 혹은 중간보고 그리고 최종보고로 나누어진다. 매 세션에 대한 보고는 코칭일지의 형태로 이루어진다. 코칭일지에 무엇을 포함할 것이고 어느 정도 자세히 기록할 것인지 합의한다. 코칭일지는 코칭내용에 대한 비밀보장의 수준을 결정하는 것이므로 매우 중요하다. 착수보고는 코칭 횟수가 많지 않을 때 (주로 5~7회 내외) 전 대상자에 대한 코칭이 순조롭게 시작되었음을 보고하는 것이다. 중간보고는 적어도 8회 이상의 코칭이 진행되는 경우 프로그램의 중간까지의 진행경과와 향후방향을 보고하는 것이다. 착수보고를 한 경우 중간보고는 하지 않으며, 중간보고가 예정되어 있으면 착수보고는 하지 않는다. 코칭세션이 5회 이내로 진행되는 프로그램에서는 최종보고만 하는 것이 현실적이다. 최종보고는 프로그램의 시작부터 종료까지의 경과와 특징, 성과, 제언 등을 포함한다. 하지만 이것은 일반적인 경우이고 조직의 요구에 따라 보고서에 포함될 주제는 달라질 수 있다. 무엇을 보고하느냐에 따라 프로그램 진행 중에 적합한 자료를 수집해 두어야 하므로 보고서의 주제는 미리 담당자와 합의해 두는 것이 좋다.

② 역할 분담을 어떻게 할 것인가?

코칭 프로젝트는 고객사의 담당자, 피코치, 코치, 프로젝트 리더의 4자 관계로 진행된다. 각각이 어떤 역할과 책임을 맡을 것인지에 대한 합의를 해야 혼란을 줄일 수 있다. 예를 들어, 피코치들에게 중간 모니터링을 실시할 경우나 프로그램 종료 후 피드백을 받는 것을 조직의 담당자가 할 것인지 프로젝트 리더가 할 것인지, 피코치의 잦은 출장으로 코칭이 진행되지 않을 때 누가 개입할 것인지 등에 대한 역할 분담을 한다. 특히 비용이 발생하는 사안에 대해서는 미리 합의를 해야 한다.

Box 8-2 코칭 프로젝트 진행도 샘플

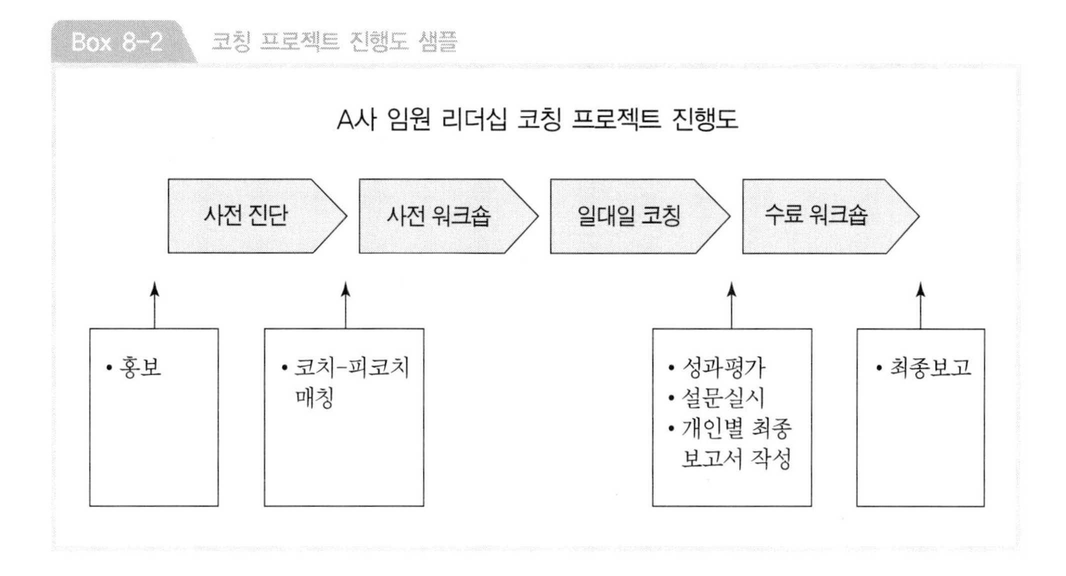

실무자 사전 미팅 양식 샘플 Tool 8-1

코칭 프로젝트 사전 미팅

고객사명		일시	
참가자			
프로그램의 목적	(고객사의 표현을 그대로 기록) 분류: 성장(　　　), 교정(　　　), 적응(　　　)		
코칭 대상자	• 인원: • 직급: • 특징:		
운영방안	• 기간: • 형태: • 예산:		
성과평가	• 평가시점: 사전-사후(　　　), 사후(　　　) • 평가자: 코치(　　　), 피코치(　　　), 타인(　　　) • 평가내용:		
보고	• 메인세션의 진행보고: • 착수보고(　　), 중간보고 (　　　), 최종보고(　　　) • 포함할 내용:		

③ 그 밖의 합의사항들

계약조건, 지불방식, 세션 취소조건 등 발생할 수 있는 모든 사항에 대해 충분한 토의를 하고, 담당자와 프로젝트 리더 간의 신뢰가 형성될 수 있도록 한다.

Box 8-2는 완성된 코칭 프로젝트의 예이고, Tool 8-1은 실무자 사전 미팅에 활용할 수 있는 양식이다.

2. 메인세션의 준비도를 높일 수 있는 사전 모듈

조직에서 한 명의 구성원에게 코칭 프로그램을 제공하기로 결정하고 특정 코치에게 의뢰한다면 의뢰 받은 코치는 제4장의 변화준비 단계에 소개된 내용들을 피코치와의 일대일 관계에서 진행해야 한다. 하지만 여러 명의 피코치에게 동시에 코칭을 제공한다면 코치와 피코치가 만나는 1회차 세션 이전에 변화준비 단계의 작업을 프로젝트 리더가 미리 진행할 수 있다. 이러한 활동은 피코치의 코칭에 대한 이해도와 수용도, 그리고 코칭에 대한 동기를 상당 수준까지 끌어올리는 효과가 있어, 변화준비 단계가 다른 단계들에 비해 상대적으로 많은 프로세스를 포함하고 있는 것을 감안하면 매우 효율적인 방법이다.

메인세션 단계를 좀 더 준비된 상태에서 시작하는 데 도움이 되는 사전 모듈에는 ① 프로그램 홍보, ② 사전 진단, ③ 사전 인터뷰, ④ 피코치 오리엔테이션 워크숍이 있다. 이 모듈들은 조직의 상황이나 프로젝트의 특성에 따라 변형하거나 선택적으로 조합하여 활용할 수 있다.

① 프로그램 홍보

프로그램 설계가 완료되면 피코치들에게 프로그램을 홍보하기 시작한다. 프로그램 홍보는 조직의 담당자가 이메일, 방문 등의 방법으로 진행한다. 이제 피코치와의 접촉이 시작되는 것이다. 이 최초 접촉의 목적은 자신이 앞으로 어떤 경험을 하게 될 것이라는 것을 피코치들에게 미리 알려서 마음의 준비를 하고 코칭 받는 것에 대한 심정적인 동의를 이끌어 내어 동기 수준을 높이는 데 있다. 이제 코칭의 변화모델에서 준비 단계에 들어서는 것인데, 피코치들은 전숙고 단계나 숙고 단계에 있을 수도 있기 때문에 홍보의 내용을 주의 깊게 작성해야 한다. 제4장에서 언급한 것처럼 '코칭' 이라는 새로운 경험을 앞둔 피코치가 느낄 수 있는 불안감을 해소하고 호기심을 충족시킬 수 있는 방식으로 접근해야 한다. 효과적인 홍보를 위해서 다음의 내용을 포함시키는 것이 일반적이다.

- 코칭 프로그램의 목적
- 프로그램 프로세스 및 일정
- 코칭의 정의 및 활용 사례
- 코칭 받는 사람이 준비해야 하는 것

이메일 홍보를 할 경우 프로그램의 개요만을 본문에 담고 위의 내용은 첨부자료로 처리한다. Box 8-3은 피코치에게 이메일 홍보를 할 경우 본문으로 활용할 수 있는 예다.

조직의 특성에 따라 담당자가 피코치를 방문하여 프로그램을 알리기도 한다. 이런 경우에도 담당자는 위에 제시한 내용이 포함된 자료를 제공하고 소기의 목적을 달성할 수 있도록 시나리오를 준비해 가는 것이 바람직하다.

Box 8-3 이메일 홍보문 샘플

○○○님은 ○○○○년 신임 임원의 육성 프로그램인 코칭의 대상자입니다.
코칭은 바쁘고 다양한 욕구를 가진 임원들에게 가장 적합한 개발방법으로, 코치가 임원님이 계신 곳으로 방문하여 회당 60분 정도 임원님께 가장 필요한 부분에 관해 대화를 나눔으로써 성장과 개선의 방법을 찾아가는 방식으로 진행됩니다.

다음은 프로그램의 개요입니다.

- 대상: 신임 임원 10명
- 기간: 5월 1일부터 10월 30일까지
- 형태: 10세션(격주 1회/회당 60분 내외)
- 사전 진단: 코칭의 효과성을 높이기 위해 온라인 사전 진단을 실시합니다.
  첨부자료의 실시요령을 참고하시어 5월 5일까지 진단을 마쳐 주십시오.
- 사전 인터뷰: 임원님의 코칭에 대한 이해를 높이기 위해 프로젝트 리더 ○○○ 코치가 5월 1일에서 5일 사이에 개인적으로 연락을 드리고 방문할 예정입니다. 일정에 협조하여 주십시오(프로젝트 리더의 프로필을 첨부하였습니다.).

첨부자료는 임원님이 코칭을 활용하여 성과를 내는 데 필요한 방법을 담고 있습니다. 꼼꼼히 읽어 보시고 궁금하신 점은 ○○○ 팀장에게 문의해 주시기 바랍니다(○○○-○○○○-○○○○).

모쪼록 코칭의 기회를 적극 활용하여 큰 발전을 이루시기를 진심으로 기대합니다.

② 사전 진단

사전 진단이 프로그램 안에 포함되어 있으면 홍보과정에서 진단 실시요령을 설명한다. 무엇을 측정하는 것이며, 어느 정도의 시간이 걸리고, 결과에 대한 설명은 언제, 어떤 방식으로 실시할지를 알린다.

③ 사전 인터뷰

사전 인터뷰란 피코치가 홍보과정을 통해 자신이 앞으로 코칭 프로그램에 참여할 것이라는 사실을 인지하고 있는 상태에서 프로젝트 리더가 방문하여 면 대 면의 면담을 하는 것이다. 사전 인터뷰의 목적은 크게 세 가지인데, 첫 번째는 피코치가 홍보자료로 전달된 내용을 잘 이해하였는지 확인하고 프로그램에 대한 의문을 해소하여 이해도를 높이는 것이다. 이 과정은 피코치의 불안감을 해소시키는 데 도움이 된다. 두 번째는 코칭을 통해 변화시키고 싶은 영역에 대한 대화를 나눔으로써 피코치가 코칭목표에 대해 미리 생각해 볼 기회를 갖도록 하는 것이다. 마지막으로는 피코치의 특성을 파악하여 가장 적합한 코치를 매칭시킬 수 있는 정보를 수집하는 것이다. 프로젝트 리더는 사전 인터뷰를 시작할 때 이러한 목적을 피코치에게 알리고 대화가 초점을 벗어나지 않도록 한다.

모든 코칭 프로젝트에서 사전 인터뷰가 필수적으로 진행되지는 않지만, 프로젝트 리더가 개별 사전 인터뷰를 실시하면 메인세션 단계의 몰입도를 높일 수 있다.

사전 인터뷰는 구조화된 방식으로 진행된다. Tool 8-2는 사전 인터뷰에 활용할 수 있는 양식이다.

사전 인터뷰에서 언급된 내용에 프로젝트 리더의 의견을 추가해 코치-피코치 매칭을 하고 나면[3] 프로젝트 리더는 투입될 코치들과 이 내용을 공유한다. 중요한 내용이 공유되지 않으면 피코치는 프로젝트 리더에게 했던 말을 담당코

③ 프로젝트 리더는 사전 인터뷰와 그 밖의 정보를 종합하여 피코치에게 가장 적합한 코치를 매칭한다. 앞에서 잠시 언급한 대로 매칭의 원리에 대해서는 일관적인 연구결과, 즉 '이런 특성의 피코치에게는 이런 특성의 코치를 매칭하는 것이 효과적이다' 라는 검증된 이론은 없다. 현재로서는 경험적으로 다음과 같은 요소들을 고려하여 매칭한다.
① 코칭 영역: 피코치의 관심사에 대한 전문가인가?
② 피코치의 선호: 코치의 성별, 연령대, 학문적 · 직업적 배경에 대한 피코치의 의견을 고려
③ 성향: 직면중심과 공감중심, 전문적 안내와 순수 탐색 등 피코치에게 더 필요한 접근방법을 구사할 수 있는가?

사전 인터뷰 양식 샘플 Tool 8-2

사전 인터뷰

이름		소속	
일시		장소	

1. 코칭을 받게 된 것에 대해 어떤 느낌이 드십니까? 프로그램에 대해 궁금한 것은 무엇입니까?

코칭 이해도 1-2-3-4-5-6-7-8-9-10 코칭 수용도 1-2-3-4-5-6-7-8-9-10

2. 조직 내의 역할이나 개인적인 특성 등 ○○○님을 더 잘 이해하는 데 도움이 될 만한 것을 말씀해 주십시오.

3. 현재의 역할을 더 효과적으로 수행하기 위해서, 혹은 조직 내에서의 미래를 준비하기 위해서 꼭 해결하고 싶은 이슈는 무엇입니까? 코치에게 도움받고 싶은 영역은 무엇입니까?

변화단계: 전숙고-숙고-준비-행동-유지

4. 선호하는 코치의 유형은 어떠합니까?

5. 기타 사항 및 인터뷰어 의견

치에게 또 해야 되는 상황이 발생하여 피로감을 느껴 프로그램과 진행팀에 대한 부정적인 인상을 가질 수 있다.[4]

④ 피코치 오리엔테이션 워크숍

상황이 허락한다면 프로그램에 참가하는 모든 피코치가 한자리에 모여 오리엔테이션 워크숍을 하는 것이 피코치의 준비도를 높이는 데 도움이 된다. 또한 오리엔테이션 워크숍은 코칭 프로그램을 시작하는 하나의 의식과도 같은 의미를 지닌다. 오리엔테이션 워크숍은 다음과 같은 내용으로 구성할 수 있다.

- 최고 경영진의 프로그램 기대사항 발표 및 격려
- 코칭 및 프로그램의 개요 소개
- (사전 진단을 실시했다면) 진단결과 디브리핑
- 코칭을 효과적으로 활용하기 위한 팁 제공
- 개별 코칭이슈의 정교화
- 매칭된 코치의 기본 정보 공유
- 이전에 코칭을 받았던 선배의 회고담과 당부의 말씀
- 향후 일정 안내

④ 프로젝트 리더의 또 다른 역할 중 하나는 다수의 코치를 한 방향으로 정렬시켜 프로젝트의 목적과 프로세스에 부합하는 코칭이 제공될 수 있도록 코치들을 지원하는 것이다. 이를 위하여 프로젝트 리더는 코치들과 수시로 소통하는 것이 필요하다.

제9장

메인세션 단계

메인세션 단계의 프로젝트 리더에게는
행정가의 역할이 가장 중요하다.

1. 프로그램 진행관리
2. 모니터링
3. 착수보고 혹은 중간보고

이 장의 목표

1. 코칭 프로그램의 진행과정을 이해하고 관리할 수 있다.
2. 착수보고 혹은 중간보고에 필요한 자료를 수집하고 보고서를 작성할 수 있다.

● ● ●

메인세션 단계에 접어들면 이제 코치와 피코치 간의 본격적인 코칭세션이 시작된다. 이 단계에서 프로젝트 리더는 프로그램의 진행을 관리하고, 코치와 피코치를 모니터링하며, 착수보고 혹은 중간보고를 한다. 이 단계의 프로젝트 리더에게는 행정가의 역할이 가장 중요하다.

1. 프로그램 진행관리

메인세션 단계의 코칭 프로그램은 코치가 진행한다. 사전 준비 단계를 주도적으로 진행했을 때와는 달리 프로젝트 리더는 이제 코치들의 세션보고를 통해서만 프로그램이 원활히 진행되고 있는지를 알 수 있다. 코치는 세션 종료 후 빠른 시간(주로 24시간 또는 48시간) 안에 코칭일지를 작성하여 프로젝트 리더와 공유한다. 코칭일지는 진행된 세션의 내용을 담당코치가 문서로 정리하는 것으로서, 코칭이 진행되었다는 경과보고적인 성격을 갖는다.[1]

제8장에서 언급한 것처럼 코칭일지에 어떤 내용을 어느 수준까지 기록할 것인가에 대해 담당자와 프로젝트 리더 간의 합의가 선행되어야 한다. 그리고 담당코치들이 이에 동의해야 하며, 피코치도 어떤 내용이 어느 수준까지 누구와 공유되는지를 알아야 한다. 그리고 피코치가 세션 중에 특별히 비밀을 지켜줄 것을 요청

1 프로젝트에 따라서는 피코치의 비밀보장을 위하여 코칭일지를 생략하고 일정만 공유하는 경우도 있다.

했다거나, 코치의 판단으로 공개하는 것이 좋지 않다고 생각되는 내용은 일지에서 제외한다.

코칭일지에는 다음과 같은 내용이 포함된다.

① 피코치 및 코치 이름 ② 세션이 진행된 날짜, 시간, 장소
③ 지난 세션 이후의 행동계획 실행 리뷰
④ 이번 세션의 목표 ⑤ 세션 중의 중요한 통찰
⑥ 행동계획 ⑦ 다음 일정
⑧ 코치 의견

프로젝트 리더는 코치들이 보내온 코칭일지를 취합하여 정기적으로 고객사의 담당자에게 전달하여 담당자가 코칭이 예정대로 수행되고 있는 것을 파악할 수 있게 한다. 또한 일지의 내용을 검토하여 개별 피코치의 진행상황을 살펴보고 필요에 따라서는 코치들의 슈퍼바이저 역할을 할 수도 있다.

코칭일지는 개별 세션의 아웃풋이다. 세션 중에 누가 무슨 말을 했는가, 혹은 어떤 코치가 어떤 질문으로 통찰을 이끌어 냈는가 등의 내용은 그다지 중요하지 않다. 또한 피코치의 개인적 정보의 탐색이나 코치의 역량평가를 하기 위한 것이 아니다. 코칭일지는 코칭이 계획된 프로세스대로 진행되었는지, 목표를 향하여 어느 정도 진전이 있었는지, 그리고 세션에 대한 코치의 전문적인 의견 등을 프로젝트의 이해관계자들과 소통하기 위한 도구다.

한편, 코칭일지는 세션이 일정에 맞추어 진행되고 있는지에 대한 정보도 담고 있다. 특별한 이유 없이 일정이 계속 지연되는 경우가 발생하면 프로젝트 리더는 담당코치 및 담당자와 논의하여 어떤 어려움이 있는지 살펴보고 적절한 지원을 한다.

Tool 9-1과 Tool 9-2는 코칭일지 양식의 예다.

코칭일지 양식(GROW) 샘플 1 Tool 9-1

( )회차 코칭일지

피코치명		일시	

코칭세션	
세션목표 (G)	
관련사항 (R)	
행동계획 (O)	
피코치 소감 (W)	

코치 의견 및 기타 사항
다음 일정:

코칭일지 양식(RE-GROW) 샘플 2 Tool 9-2

( )회차 코칭 일지

피코치명		코치명	
일시		장소	

* 행동실행 리뷰

- 성취도 평가: ________%
- 실행 사례:
- 실행을 촉진한 요소
- 실행의 장애물:

코칭세션	
세션목표	
진행	
행동계획	
다음 일정	

코치 의견 및 기타 사항

2. 모니터링

프로젝트 리더는 프로그램의 진행 중간에 코치 혹은 피코치에 대한 모니터링을 실시할 수 있다. 필요하다고 판단되는 경우에 선별적으로 모니터링을 할 수도 있고, 프로그램의 구성상 일정한 시점에 일괄적으로 모든 코치 또는 모든 피코치에 대한 모니터링을 진행할 수도 있다.

선별적인 모니터링은 주로 진행상의 문제가 발생한 경우에 개입차원에서 한다. 예를 들어, 특별한 이유 없이 세션진행이 지연된다든지 각 세션에서 수행하기로 한 과제들이 지속적으로 완료되지 않을 때 등이다. 드물게는 피코치가 코칭의 중단이나 코치 교체를 요구하는 경우도 발생한다. 이때 프로젝트 리더는 담당 코치의 동의하에 피코치의 의견을 듣고, 고객사의 담당자와 논의하여 적절한 조치를 취한다.

프로그램에 포함되어 있는 일괄적인 모니터링은 대상에 따라 진행시점이 다르다. 코치의 의견을 모니터링하는 경우는 주로 한두 세션이 진행된 프로그램의 초기에 실시함으로써 코치-피코치의 상호작용 수준을 파악하고 코칭의 효과성을 높이려는 지원을 하기 위한 것이다. 코치 의견 모니터링에는 다음과 같은 내용이 포함될 수 있다.

① 피코치와의 매칭 적합성은 어떠한가
② 프로젝트 리더가 알고 있어야 하는 특별한 사항이 있는가
③ 기본 프로그램 외에 적용하는 것이 필요하다고 판단되는 진단이나 개입이 있는가
④ 그 밖의 어떤 지원이 필요한가

코치 의견 모니터링이 종료되면 프로젝트 리더는 모니터링의 결과를 종합하여

담당자와 공유하고 필요한 협조를 구한다.

피코치 의견에 대한 모니터링은 주로 프로그램이 8회 이상의 세션으로 구성될 경우 서베이 형식의 중간 피드백을 대신하여 진행한다.[2] 중간 모니터링을 전화로 진행하면 일정한 문항으로 구성된 중간 피드백보다 가벼운 느낌으로 받아들여지는 장점이 있다. 피코치 의견에 대한 모니터링은 다음과 같은 내용으로 구성될 수 있다.

① 코칭 프로그램에 대한 만족도
② 지금까지의 진행에서 특별히 만족스러운 점
③ 코칭목표 달성을 위한 진행 정도
④ 향후 진행을 위해 필요한 지원사항

모든 피코치에 대한 모니터링이 완료되면 프로젝트 리더는 그 내용을 종합하여 중간보고서에 포함시킨다.

모티터링은 일종의 구조화된 인터뷰다. 꼭 필요한 질문이 무엇인지 미리 결정하고 모니터링의 시나리오를 작성하여 진행하는 것이 좋다. Tool 9-3에 코치 의견 모니터링 양식의 샘플과 Tool 9-4에 피코치 의견 모니터링 양식의 샘플을 제시하였다.

② 피코치 의견에 대한 모니터링이나 중간 피드백의 실시 여부는 조직의 문화와 코칭 프로그램의 목적에 따라 결정되는 사안이다. 코칭 프로그램을 공개적인 프로세스로 보고 행동중심의 변화를 추구하는 조직에서는 이를 당연한 절차로 보지만, 코칭 프로그램을 피코치의 내면적 성찰의 기회로 활용하는 경우에는 피코치가 모니터링이나 중간 피드백과 같은 담당코치 외에 제3자의 개입에 대해 거부감을 가질 수 있다. 이런 이유로 사전 준비 단계에서 조직의 문화와 프로그램의 목적에 대한 충분한 토의를 거쳐 프로그램을 디자인하는 것이다.

코치 의견 모니터링 양식 샘플 Tool 9-3

코치 의견 모니터링

코치명		피코치명	
매칭 적합성	______% • 구체적인 이유 :		
변화준비 단계 과제의 해결 정도	1. 코칭에 대한 이해 및 동의 ______% 2. 진단 및 인터뷰 결과의 활용 ______% 3. 변화에 대한 주도적 태도 형성 ______% 4. 코칭목표 설정 및 변화동기 확인 ______%		
진행 관련 특이사항			
코치 의견/ 지원 요청사항			

피코치 의견 모니터링 양식 샘플 Tool 9-4

피코치 의견 모니터링

피코치명		코치명	

1. 지금까지의 코칭경험에 대한 느낌은 어떠합니까?

2. 코칭목표의 달성을 100이라고 했을 때 지금까지의 진행은 얼마 정도로 평가할 수 있습니까? 그 이유는 무엇입니까?

3. 이후의 진행에서 변화가 필요한 부분이 있다면 무엇입니까?

4. 프로그램에 대한 전반적인 만족도 ______________%

3. 착수보고 혹은 중간보고

코칭 프로그램을 도입하는 고객사는 메인세션 단계에서 프로그램이 제대로 진행되고 있는지에 대해 지대한 관심을 갖는다. 프로그램이 '제대로' 진행된다는 것은 두 가지 의미를 갖는데, 하나는 물리적으로 일정에 차질이 없이 계획한 속도로 세션이 진행되고 있는지이고, 다른 하나는 내용적으로 프로그램이 목적하는 바를 향하여 적절하게 진전하고 있는지다. 메인세션 단계에서의 보고는 프로그램이 '제대로' 진행되고 있다는 것을 보여주는 것이 중요하다.

착수보고서는 프로그램이 잘 시작되었다는 것을 보여주고자 하는 목적에서 작성되는 것이므로 보통 물리적 진행경과만을 담는다. 물리적 진행의 파악은 매우 간단하다. 누가 몇 회차 세션까지 진행했는지를 요약하면 된다. 착수보고서는 다음과 같은 내용으로 구성될 수 있다.

① 프로그램 개요
② (물리적) 진행경과
③ 피코치별 코칭목표 및 특이사항

중간보고서는 좀 더 복잡하다. 중간보고를 한다는 것은 프로그램이 8회 이상의 장기 개입이고, 이미 피코치별로 4~6회의 코칭이 진행되었다는 의미다. 따라서 좀 더 자세한 내용이 포함되어야 한다. 중간보고서에서 가장 중요한 부분은 내용적 진행경과, 즉 중간보고 시점까지의 피코치의 변화를 어떻게 보여줄 것이냐 하는 것이다. 이것은 쉽지 않은 문제다. 결국 내용적 진행경과를 알아내는 것은 '피코치가 코칭 초기에 비해 중간보고 시점에 무엇이 달라졌는가'를 평가하는 것과 다르지 않다.

누가 평가할 것인가?

피코치의 변화에 대한 평가는 코치와 피코치가 동시에 하는 것이 일반적이다. 피코치의 평가 없이 코치만 평가를 하는 경우도 있다. 앞에서 언급한 대로 피코치에 대한 제3자의 개입을 최소화하기 위하여 선택한 평가방법이다. 코치의 평가 없이 피코치만 평가를 하는 것은 바람직하지 않다. 코치는 피코치의 변화과정 전체에 대한 조망을 가지고 있으므로 보다 전문적인 평가를 할 수 있기 때문이다. 코치가 공식적인 평가를 하고 피코치는 앞 절에서 소개한 모니터링의 방식으로 평가를 진행하는 것도 한 방법이다. 부하직원이나 동료의 평가도 고려해 볼 수는 있으나 코칭에서의 변화가 피코치의 내적 변화, 행동변화, 평판변화의 순서로 진행된다는 것을 감안하면 중간보고 시점은 피코치의 변화를 주변 사람들까지 알아차리기에는 너무 이른 감이 있다.

어떻게 평가할 것인가?

평가방법은 서술식과 객관식으로 나누어지는데, 서술식 평가를 하면 피코치 한 명 한 명의 고유성을 살릴 수 있다는 장점이 있지만 여러 명의 결과를 요약하여 제시하는 데 어려움이 있고, 변화의 정도를 수치화하지 않으므로 양적인 분석이 불가능하다는 단점이 있다. 객관식 평가는 변화의 정도를 양적으로 보여줄 수 있다는 장점이 있지만 피코치 개개인의 고유성이 나타나지 않는다는 단점이 있다. 실제 상황에서는 주관식 서술과 객관식 문항을 적절하게 혼합하여 평가하는 것이 좋다.

Tool 9-5와 Tool 9-6은 중간평가에서 활용할 수 있는 양식의 예다.

피코치 중간평가 양식 샘플 Tool 9-5

코칭 프로그램 중간 피드백(피코치용)

코칭 프로그램이 중반으로 접어들었습니다. 그간 코칭을 받느라 많은 노력을 기울이셨는데, 잠시 시간을 내어 그간의 성과를 점검하고 향후 진행에 관한 의견을 주시기 바랍니다.

1. 코칭을 통한 자신의 변화를 정리해 주십시오.

   1-1. 코칭에서 얻은 주요 성찰

   1-2. 코칭을 계기로 시도한 행동

   1-3. 그 밖에 코칭의 성과라고 할 수 있는 내용

2. 코칭목표의 달성을 100이라고 했을 때 지금까지의 진행은 얼마 정도로 평가할 수 있습니까?

   ____________%

3. 현재까지의 프로그램에 대한 만족도는 어떠합니까? ____________%

4. 기타 의견이 있으면 적어 주십시오.

감사합니다.

코치 중간평가 양식 샘플 Tool 9-6

코칭 프로그램 중간 피드백(코치용)

코칭 프로그램이 중반으로 접어들었습니다. 그간의 노고에 감사드립니다. 진행한 코칭에 대해 그간의 성과와 향후 진행에 관한 의견을 주시기 바랍니다.

1. 코칭을 통한 피코치의 변화를 정리해 주십시오.

1-1. 코칭에서 얻은 주요 성찰

1-2. 코칭을 계기로 시도한 행동

1-3. 그 밖에 코칭의 성과라고 할 수 있는 내용

2. 코칭목표의 달성을 100이라고 했을 때 지금까지의 진행은 얼마 정도로 평가할 수 있습니까?

____________%

3. 기타 의견이 있으면 적어 주십시오.

감사합니다.

프로젝트 리더가 작성하는 중간보고서는 정확히 표현하면 '중간 종합 보고서'다. 10명의 피코치를 대상으로 하는 프로젝트라면 프로젝트 리더는 10개의 개인보고서를 묶어서 중간보고를 하는 것이 아니라 10개의 개인보고서 내용을 바탕으로 프로그램 전체의 진행상황, 성과, 프로젝트의 특징 등을 한눈에 볼 수 있는 보고서를 작성하는 것이다. 따라서 각 코치가 자신의 피코치에 대한 개인별 중간보고서를 작성하여 프로젝트 리더에게 제출하면, 프로젝트 리더는 개인별 중간보고서의 내용을 종합, 분석하여 프로그램 중간보고서를 작성하는 과정으로 진행된다. 이를 위하여 프로젝트 리더는 프로그램 중간보고서에 포함시킬 내용을 미리 정하고 그 내용을 추출해 낼 수 있는 개인별 중간보고서의 형식을 만들어 코치들에게 배부한다.

일반적으로 프로그램 중간보고서에는 다음과 같은 내용이 포함된다.

① 프로그램 개요

② 물리적 진행경과

③ 내용적 진행경과

(피코치 의견 모니터링 결과 또는 피코치의 평가결과 및 코치의 평가결과)

④ 향후 진행방향

이와 같은 내용을 작성하기 위해서 코치들에게 배부할 개인 중간보고서를 구성하는데, 앞에서 살펴본 코치평가를 개인 중간보고서에 포함하면 효율적이다. 개인별 중간보고서에 포함하는 내용은 다음과 같다.

① 피코치의 코칭목표

② 세션 진행경과: 일시, 세션목표 등

③ 피코치의 변화내용 평가

④ 향후 진행방향

프로젝트 리더가 코치와 피코치에게 자료를 받아 종합, 분석하여 프로그램 중간보고서를 작성하고 나면 고객사의 담당자에게도 보고하지만 코치들과도 그 내용을 공유할 필요가 있다. 코치들은 이를 통해 전체 프로젝트가 어떻게 진행되고 있으며 내가 담당하고 있는 코칭이 어느 수준에 위치하는지에 대한 정보를 얻을 수 있다. 특히 코치들에게 그들의 피코치가 자신의 변화 정도와 프로그램에 대해 어떤 견해를 가지고 있는지를 알려 주는 것은 코치가 남은 코칭을 진행하는 데 참고할 수 있는 매우 유용한 정보가 된다.

제10장

사후 마무리 단계

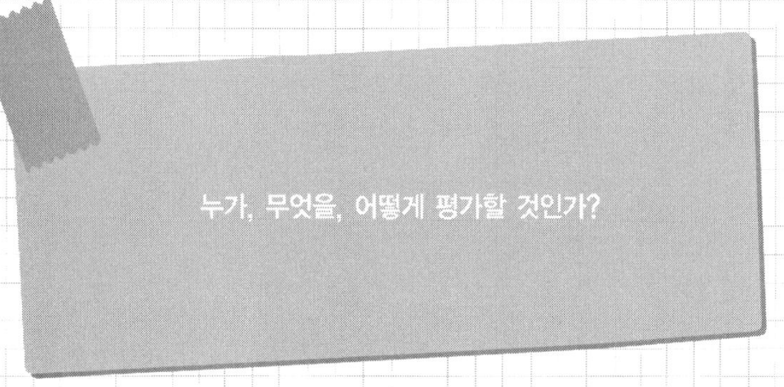

1. 프로그램 성과평가
2. 최종보고

이 장의 목표

1. 프로그램의 성과평가를 진행할 수 있다.
2. 최종보고를 통해 프로그램의 성과를 가시화하고 향후의 방향성을 제시할 수 있다.

개인별 코칭세션이 모두 끝나고 나면 프로젝트의 사후 마무리 단계가 시작된다. 사후 마무리 단계에서 가장 중요한 이슈는 코칭의 성과를 평가하고 최종 보고서를 작성하는 것이다. 프로젝트 리더에게는 이제 분석가의 역할이 중요해진다.

1. 프로그램 성과평가

최종보고를 위한 성과평가는 중간보고의 내용적 진행평가와 유사한 방법으로 실시하지만 보다 정교하게 계획할 필요가 있다. 최종 성과평가는 프로젝트의 가치를 나타내는 것이기 때문이다.

코칭의 성과란 결국 피코치가 코칭 초기에 수립했던 코칭목표를 얼마나 달성했느냐의 문제다. 모든 평가가 그렇듯이 코칭의 성과 평가도 누가, 무엇을, 어떻게 평가할 것인가에 따라 내용구성과 진행과정이 달라진다.

누가 평가할 것인가?

피코치의 코칭목표 달성 정도를 평가할 수 있는 사람은 피코치 자신, 코치, 그리고 피코치의 주변 사람들이다. 사전 준비 단계에서 누가 평가할 것인가를 합의하지만, 피코치와 코치의 평가는 필수적으로 실시하는 경우가 대부분이다. 단지 주변 사람들의 평가를 포함시킬 것인지는 달라질 수 있다. 주변 사람들을 평가에 포함시킬 경우 피코치는 코칭 초기부터 이 사실을 인지하고 있는 것이 좋다. 주변 사람들의 평가가 있을 것이라는 의식은 피코치의 행동에 영향을 미치기 때문이다.

각각의 평가자는 서로 다른 측면의 변화에 대해 평가할 수 있다. 피코치는 자신의 행동의 변화는 물론이고 내면의 변화, 인식의 변화 등 다른 사람이 관찰할 수 없는 부분에 대한 평가가 가능하고, 코치는 피코치가 미처 보지 못하는 관점과 태도의 변화 및 코칭 활용도 등을 볼 수 있다. 또한 주변 사람들은 피코치의 행동변화 및 그 파급효과를 평가할 수 있다.

무엇을 평가할 것인가?

코칭 프로그램의 성과를 평가하는 가장 일반적인 방법은 Kirkpatrick(1994)이 제안하고 Phillips(1996)가 정교화한 '기업교육의 효과성을 측정하기 위한 5단계 모델'을 활용하는 것이다. Kirkpatrick과 Phillips의 모델은 아마도 HR 프로그램의 효과성을 측정하는 데 가장 널리 활용되는 모델일 것이다. 모델의 5단계는 다음과 같다.

- 1단계 반응 및 만족도(Reaction & Satisfaction): HR프로그램에 대한 교육생의 반응과 HR프로젝트 시행에 대한 이해관계자 만족도 측정
- 2단계 학습 성취도(Learning): HR프로그램 실시결과 습득된 스킬, 지식, 태도의 변화 측정
- 3단계 현업 적용도(Application/Implementation): HR프로그램의 결과로 인한 업무현장에서의 행동변화나 특정 분야에서의 적용 및 수행결과 측정
- 4단계 경영성과 기여도(Business Impact): HR프로그램의 결과로 인한 유형/무형의 경영성과 측정
- 5단계 투자 회수율(Return on Investment): HR프로그램으로 창출된 경영성과와 투입된 비용의 금전적 비교. 주로 %로 표현함.

조직이 프로젝트로 진행하는 코칭도 HR프로그램의 하나이므로 Kirkpatrick과 Phillips의 모델에 따라 성과를 평가하는 것은 적절하다. 단, 5단계인 투자 회수율은 경영성과에서 코칭 프로그램의 효과를 분리하고 이를 금전적 가치로 전환하는 등의 작업을 해야 하는 현실적인 어려움이 있으므로 제외하는 경우가 많다.[1]

Tool 10-1은 Kirkpatrick과 Phillips의 모델에 근거하여 개발된 성과평가 설문지의 예다. 이 설문지는 피코치가 응답한다.

설문지에서 파악할 수 없는 부분은 서술형의 조사를 진행함으로써 좀 더 구체적인 성과평가가 가능하다. 이는 '코칭성과 기술서' 또는 '코칭성과 reflection'이라는 제목으로 진행되며, 제6장의 Tool 6-3 성과 점검 및 변화된 자아상의 확인 양식 샘플에 소개했던 대부분의 내용이 포함된다. 여기에 코칭 프로그램에서 특히 만족스러웠던 점과 코칭 프로그램의 개선을 위한 피드백을 추가할 수 있다.

Tool 10-2에 코칭성과 점검 양식의 예를 제시하였다.

1 코칭의 투자 회수율 계산결과는 2001년에 두 편의 논문에서 발표되었다. The Manchester Review 「Maximizing the Impact of Executive Coaching」과 MetrixGlobal의 「Executive Briefing: Case Study on the Return on Investment of Executive Coaching」을 참고하라.

성과평가 설문지 샘플 Tool 10-1

코칭 프로그램 피드백

코칭 프로그램을 성공적으로 마친 것을 축하드립니다. 프로그램을 마무리하면서 본 과정의 성과를 점검하고, 피드백을 구하여 앞으로 더욱 발전하고자 합니다. 협조해 주셔서 감사합니다.

I. 만족도 평가

NO.	문 항	전혀 그렇지 않다 … 매우 그렇다
1.	코치는 코칭과정에서 나를 존중하였다.	① ② ③ ④ ⑤ ⑥ ⑦
2.	코치는 나의 관점전환을 촉진해 주었다.	① ② ③ ④ ⑤ ⑥ ⑦
3.	코치는 적절한 전문성을 가지고 있었다.	① ② ③ ④ ⑤ ⑥ ⑦
4.	코칭과정은 체계적으로 구성되어 있었다.	① ② ③ ④ ⑤ ⑥ ⑦
5.	코칭 프로그램은 나에게 적합한 것이었다.	① ② ③ ④ ⑤ ⑥ ⑦
6.	코칭 담당부서는 효과적인 진행에 필요한 지원을 하였다.	① ② ③ ④ ⑤ ⑥ ⑦

II. 성취도 평가

7. 코칭목표의 달성에 관한 다음의 진술 중 본인의 경우를 가장 잘 나타내고 있는 항목을 선택해 주십시오.

① 코칭목표를 구체적으로 수립하지 못하였다.

② 목표와 관련된 행동계획을 수립하지 못하였다.

③ 목표와 관련된 행동계획을 수립하였으나 이를 실행에 옮기지 못하였다.

④ 목표와 관련된 행동변화를 시도하였으나 실제로 달성하지 못하였다.

⑤ 목표와 관련된 행동변화를 시도하였고 목표달성을 위해 진행 중이다.

⑥ 목표와 관련된 행동변화를 시도하였으며 이에 따라 목표가 달성되었다.

⑦ 목표가 달성되었으며 변화를 다른 영역에도 적용 중이다.

III. 현업 적용도 평가

8. 코칭으로 인한 행동변화는 현업에 어느 정도 도움이 되었는지 다음 중에서 선택해 주십시오.
   ① 행동변화가 일어나지 않았다.
   ② 행동변화는 현업과는 관련이 없는 것이었다.
   ③ 행동변화를 현업에 아직 적용해 보지 않았다.
   ④ 행동변화의 현업 적용을 시도하였으나 잘 되지 않았다.
   ⑤ 행동변화를 현업에 적용 중이나 아직 성과를 확인하지는 못하였다.
   ⑥ 행동변화를 현업에 적용하여 성과가 나타나고 있는 중이다.
   ⑦ 행동변화를 현업에 적용하여 확실한 성과를 얻었다.

IV. 경영성과 기여도 평가

코칭을 받은 후 나는,

NO.	문 항	전혀 그렇지 않다 ~ 매우 그렇다
9.	업무수행 방식이 개선되었다.	① ② ③ ④ ⑤ ⑥ ⑦
10.	리더로서의 효과성이 향상되었다.	① ② ③ ④ ⑤ ⑥ ⑦
11.	직무만족도가 증가되었다.	① ② ③ ④ ⑤ ⑥ ⑦
12.	자기이해가 증가되었다.	① ② ③ ④ ⑤ ⑥ ⑦

이 외에 코칭으로 인한 변화가 있으면 적어 주십시오.

V. 프로그램에 대한 소감 및 피드백을 적어 주십시오.

VI. 이 프로그램을 동료들에게 추천하시겠습니까? 1-2-3-4-5-6-7-8-9-10

감사합니다.

코칭성과 점검 양식 샘플 Tool 10-2

코칭성과 reflection

코칭 프로그램을 성공리에 마친 것을 축하드립니다. 이제 코칭 프로그램에서 얻은 성과를 평가해 보겠습니다.

1. 코칭 초기에 세운 목표 중 가장 만족스럽게 다루어진 목표는 무엇입니까?

1-1. 성취 정도를 %로 나타내 봅니다. ________ %

1-2. 성취 정도에 대한 만족도를 %로 나타내 봅니다. ________ %

1-3. 성취내용을 구체적으로 정리해 봅니다.

① 인식측면의 변화	
② 감정측면의 변화	
③ 행동측면의 변화	
④ Biz 측면의 변화	

2. 코칭 초기에 목표하지는 않았지만 코칭과정 중에 얻게 된 성과들을 정리해 봅니다.

① 인식측면의 변화	
② 감정측면의 변화	
③ 행동측면의 변화	
④ Biz 측면의 변화	

3. 코칭 프로그램에서 특히 만족스러웠던 점은 무엇입니까?

4. 코칭 프로그램에서 개선되었으면 하는 점은 무엇입니까?

감사합니다.

타인(부하직원, 동료, 상사 등)평가를 계획하고 있다면 코칭 초기에 목표로 하는 행동지표를 작성해 둘 필요가 있다. 즉, 코칭목표를 구체화하면서 '어떤 행동을 한다면 이 목표가 달성되었다고 볼 수 있겠습니까?'와 같은 질문, 혹은 Tool 4-8 코칭목표의 진술 및 평가 양식 샘플, Tool 5-3 코칭목표의 구체화 양식 샘플 등을 활용하여 행동지표 목록을 만들고, 코칭이 끝난 후 이 목록을 타인들에게 제시하여 평가받는 방법이다. 물론 피코치에게 이러한 과정이 진행된다는 것을 미리 알려야 한다. 이 방법을 활용하면 피코치가 좀 더 의식적으로 행동변화에 집중하는 효과를 가져올 수 있다. Box 10-1은 코칭목표에 따라 개발된 행동지표의 예다.

Box 10-1 코칭목표에 따라 개발된 행동지표 샘플

코칭목표의 구체화

○○님이 어떤 행동을 한다면 코칭목표가 달성되었다고 볼 수 있을까요? 코칭이 성공적으로 끝났을 때의 나의 행동들을 생각해 보고 각 목표 별로 아래에 적어 봅니다.
또한 코칭이 끝난 후 주변 사람들(부하직원 혹은 본인이 지정하는 사람)로부터 피드백 받기를 원하는 항목에 표시해 주십시오. 타인 피드백은 선택한 행동에 대해서만 진행될 것입니다.

목표 1. 경청하기	타인 피드백을 받으시겠습니까?	
1-1. 말하는 사람을 존중한다.	예(○)	아니요( )
1-2. 허점을 찾기보다는 지원점을 찾는다.	예(○)	아니요( )
1-3. 해결책에 집중한다.	예(○)	아니요( )
1-4. 말하는 사람의 의도를 파악한다.	예( )	아니요(○)
	예( )	아니요( )

목표 2. 경청 후 반응하기	타인 피드백을 받으시겠습니까?	
2-1. 상대방의 심정을 이해했음을 표현한다.	예(○)	아니요( )
2-2. 상대방의 말을 끝까지 듣는다.	예(○)	아니요( )
2-3. 즉시 반응하지 않고 2초 기다린다.	예(○)	아니요( )
	예( )	아니요( )
	예( )	아니요( )

또한 타인평가에는 피코치가 보인 행동변화의 파급효과를 포함시키는 것이 필요하다. 조직의 입장에서 보면 피코치가 특정한 변화를 이루어 냈느냐도 중요하지만 그 변화가 조직에 미치는 영향이 무엇인지가 어쩌면 더 중요할 수 있다. 예를 들어, 한 피코치가 코칭을 통해 회의방식을 변화시키고 회의 중에 구성원을 대하는 태도가 달라졌다고 했을 때 피코치의 이러한 변화는 구성원 개인과 팀의 업무수행에 영향을 미칠 것이다. 코칭의 성과를 평가할 때 이러한 파급효과를 밝히는 것은 매우 의미 있는 과정으로, 코칭이 조직에 미치는 영향을 구체적으로 보여줄 수 있는 하나의 방법이다. 이는 Kirkpatrick과 Phillips가 언급한 경영성과 기여도 중 무형(intangible)의 성과다. Tool 10-3은 행동 지표와 파급효과를 포함한 타인평가 설문의 예다.

코칭 초기에 행동지표가 개발되면 즉시 타인의 평가를 받고 코칭이 마무리된 후 다시 한 번 타인의 평가를 받아 그 향상 정도를 측정하는 사전-사후 평가방법을 실시할 수도 있으나 사전평가와 사후평가의 시점이 충분히 길지 않으면 큰 의미가 있다고 할 수는 없다.

코치가 피코치의 성과를 평가한다면 피코치 본인이나 주변 사람들과는 다른 측면을 평가할 수 있다. 코치의 관점에서는 피코치가 코칭 기회를 얼마나 적극적으로 활용했는지, 피코치의 특성에 비추어 필요한 변화를 얼마나 이루어 냈는지, 그리고 아쉬운 점이 무엇인지에 대한 또 다른 의견이 가능하기 때문이다. 코치의 성과평가는 각각의 피코치에 대한 개인별 종합보고서에 포함하는 것이 편리하다. Tool 10-4에 코치의 성과평가 양식 샘플을 제시하였다.

타인평가 문항 샘플 Tool 10-3

코칭성과 다면 피드백(타인용)

○○○님은 지난 ○개월 동안 다음에 서술된 목표 및 행동지표를 중심으로 코칭을 받으면서 변화하고자 많은 노력을 기울이셨습니다. 코칭이 마무리된 시점에서 ○○○님의 부하직원(동료/상사)으로서 ○○○님의 변화 노력에 대해 의견을 구하고자 합니다.

목표 1. 경청하기	**전혀 그렇지 않다**						**매우 그렇다**
1-1. 말하는 사람을 존중한다.	①	②	③	④	⑤	⑥	⑦
1-2. 허점을 찾기보다는 지원점을 찾는다.	①	②	③	④	⑤	⑥	⑦
1-3. 해결책에 집중한다.	①	②	③	④	⑤	⑥	⑦

위와 같은 피드백의 구체적인 근거를 기술해 주십시오.

목표 2. 경청 후 반응하기	**전혀 그렇지 않다**						**매우 그렇다**
2-1. 상대방의 심정을 이해했음을 표현한다.	①	②	③	④	⑤	⑥	⑦
2-2. 상대방의 말을 끝까지 듣는다.	①	②	③	④	⑤	⑥	⑦
2-3. 즉시 반응하지 않고 2초 기다린다.	①	②	③	④	⑤	⑥	⑦

위와 같은 피드백의 구체적인 근거를 기술해 주십시오.

위와 같은 변화가 조직에 미친 영향을 평가해 주십시오.

항목	**전혀 그렇지 않다**						**매우 그렇다**
3-1. 팀워크가 향상되었다.	①	②	③	④	⑤	⑥	⑦
3-2. 업무 만족도가 증가되었다.	①	②	③	④	⑤	⑥	⑦
3-3. 업무 효과성이 증진되었다.	①	②	③	④	⑤	⑥	⑦

기타 첨언하고 싶은 내용을 기술해 주십시오.

감사합니다.

코치의 성과평가 양식 샘플 Tool 10-4

코칭 성과평가(코치용)

○○코치님의 도움으로 코칭 프로그램이 성공적으로 마무리되었습니다. 이제 고객의 변화와 프로그램에 대한 코치님의 의견을 구하여 프로그램의 성과를 구체화하고, 향후의 발전계획을 세우고자 합니다.

1. 고객의 코칭 활용에 대한 평가를 해 주십시오.

항목	전혀 그렇지 않다 ～ 매우 그렇다
1. 고객은 준비된 상태에서 코칭에 임하였다.	① ② ③ ④ ⑤ ⑥ ⑦
2. 고객은 코칭세션에 온전히 몰입하였다.	① ② ③ ④ ⑤ ⑥ ⑦
3. 세션 중에 의미 있는 성찰이 있었다.	① ② ③ ④ ⑤ ⑥ ⑦
4. 행동계획은 충실히 실행되었다.	① ② ③ ④ ⑤ ⑥ ⑦
5. 고객은 코칭의 기회를 충분히 활용하였다.	① ② ③ ④ ⑤ ⑥ ⑦

2. 코칭의 성과를 기술해 주십시오.

① 인식측면의 변화	
② 감정측면의 변화	
③ 행동측면의 변화	
④ Biz 측면의 변화	

3. ○○○님이 향후에도 계속 성장해 나가기 위해 무엇이 필요한지 의견을 기술해 주십시오.

4. 코칭 프로그램에 대한 의견을 기술해 주십시오.

① 만족스러웠던 점	
② 개선이 필요한 점	

감사합니다.

어떻게 평가할 것인가?

평가방법에 관한 이슈다. 주관식 문항을 활용할지 객관식 문항을 활용할지, 면 대 면 인터뷰를 할 것인지 설문조사를 할 것인지, 온라인 평가를 할 것인지 오프라인 평가를 할 것인지를 결정한다.

2. 최종보고

프로그램 중간보고서와 마찬가지로 최종보고서는 코치들이 작성하는 개인별 최종보고서를 바탕으로 작성된다. 프로젝트 리더는 프로그램 최종보고서에 포함시킬 내용을 미리 정하고 그 내용을 추출해 낼 수 있는 개인 최종보고서의 형식을 만들어 코치들에게 배부한다.

일반적으로 프로그램 최종보고서에는 다음과 같은 내용이 포함된다.

① 프로그램 개요
② 효과성 측정방법
③ 프로그램의 효과성 요약
④ 프로그램의 효과성 세부사항 1: 피코치평가
⑤ 프로그램의 효과성 세부사항 2: 타인평가
⑥ 프로그램의 효과성 세부사항 3: 코치평가
⑦ 프로그램에 대한 코치의 피드백
⑧ 결론 및 제언

이와 같은 내용 구성을 염두에 두고 개인 최종보고서의 형식을 구성하는데 그 예는 다음과 같다.

① 물리적 진행경과

② 코치가 보는 피코치의 성과

③ 피코치의 코칭 활용도 평가

④ 코치 총평 및 (개인의) 향후 발전을 위한 제언

⑤ 프로그램 피드백

개인별 최종보고서와 피코치의 본인평가, 그리고 타인평가 자료가 모두 취합되면 프로젝트 리더는 자료의 내용을 종합, 분석하여 프로그램 최종보고서를 작성하고 보고미팅을 갖는다. 이 자리에서는 특히 향후 유사한 프로그램을 실시할 경우 더 발전하는 데 도움이 될 제언을 하도록 한다.

프로그램 중간보고와 마찬가지로 프로그램 최종보고의 내용도 프로젝트에 참여했던 코치들과 공유하는 것이 좋다. 이것은 코치들에게 자신의 일에 대한 성과를 확인하고 코치로서의 발전을 이루는 토대가 된다.

참고문헌

강수정 역(2007). 자기혁신프로그램. Prochaska, J. O., Norcross, J. C., & DiClemente, C. C.의 *Changing for Good: a revolutionary six-stage program for overcoming bad habits and moving your life positively forward*. 서울: 에코리브르. (원전은 1994년 발간)

권석만(2008). 긍정 심리학-행복의 과학적 탐구. 서울: 학지사.

김영순 역(2007). 성과향상을 위한 코칭리더십. Whitmore, J.의 *Coaching For Performance: Growing People, Performance and Purpose*. 서울: 김영사. (원전은 2002년 발간)

신성만, 권정옥, 손명자 공역(2006). 동기강화상담. Miller, W. R., & Rollnick, S.의 *Motivational interviewing: Preparing people for change*. 서울: 시그마프레스. (원전은 2002년 발간)

우문식, 유상운 공역(2011). 긍정심리학코칭기술. Diener. R. B.의 *Practicing Positive Psychology Coaching*. 서울: 도서출판 물푸레. (원전은 2010년 발간)

이희경(2005). 코칭입문. 서울: 교보문고.

전종국, 왕은자, 심윤정 공역(2010). 기업상담. Carroll, M.의 *Workplace counselling: A systematic approach to employee care*. 서울: 학지사. (원전은 1996년 발간)

조은현(2010). 코칭리더십 척도 개발 및 타당화와 코칭리더십이 조직태도에 미치는 영향. 광운대학교 대학원 박사학위 청구논문.

주은정, 주은지 공역(2011). 15가지 집단상담 기술. Haney, J. H., & Leibsohn, J.의 *Basic counseling responses in groups: A multimedia learning system for the helping professions*. 서울: 센게이지러닝. (원전은 2001년 발간)

최명돈 역(2006). 이너게임. Gallwey, W. T.의 *The Inner Game of Work*. 서울: 오즈컨설팅. (원전은 2000년 발간)

홍대식(1994). 사회심리학. 서울: 청암미디어.

Ascentia. (2005). Leicester Case Study Feedback Group Coaching-Can it make a difference? *International Journal of Evidence Based Coaching and Mentoring*,

3(1).

Austin, J. T., & Vancouver, J. F. (1996). Goal construction in psychology: structure, process, and content. *Psychological Bulletin, 120*, 338-375.

Baer, D. M., Wolf, M. M., & Risley, T. R. (1968). Some current dimensions of applied behavior analysis 1. *Journal of applied behavior analysis, 1*(1), 91-97.

Bandura, A. (1997). *Self-efficacy in Changing Societies*. NY: Cambridge University Press.

Bavelas, A., & Barrett, D. (1951). An experimental approach to organizational communication. *Personnel, 27*(5), 370.

Bem, D. J. (1967). Self-perception: An alternative interpretation of cognitive dissonance phenomena. *Psychological review, 74*(3), 183.

Berg, I. K., & Szabo, P. (2005). *Brief coaching for lasting solutions*. NY: Norton & Company.

Berman, P. S. (1997). *Case Conceptualization and Treatment Planning: Exercises for integrating Theory with Clinical Practice*. CA: Sega Publications.

Biswas-Diener, R. (2010). *Practicing positive psychology coaching: Assessment, activities and strategies for success*. NY: John Wiley & Sons.

Boyatzis, R. E. (2006). An overview of intentional change from a complexity perspective. *Journal of Management Development, 25*(7), 607-623.

Boyatzis, R., & McKee, A. (2006). Intentional change. *Journal of Organizational Excellence, 25*(3), 49-60.

Brehm, S. S., & Brehm, J. W. (1981). *Psychological reactance: A theory of freedom and control*. NY: Academic Press.

Bridges, W. (1986). Managing organisational transitions. *Organisational Dynamics, 15*(1), 24-33.

Brown, S. W., & Grant, A. M. (2010). From GROW to GROUP: theoretical issues and a practical model for group coaching in organisations. *Coaching: An International Journal of Theory, Research and Practice, 3*(1), 30-45.

Carroll, M. (1996). *Workplace counselling: A systematic approach to employee care*. CA: Sage Publications.

Cavanagh, M. (2006). Coaching from a systemic perspective: A complex adaptive conversation. In D. R. Stober & A. M. Grant (Eds.), *Evidence based coaching handbook*. NJ: John Wiley & Sons.

Clutterbuck, D. (2007). *Coaching the Team at Work*. London: Nicholas Brealey.

Clutterbuck, D., & David, S. (2013). Goals in Coaching and mentoring. In S. David, D.

Clutterbuck, & Megginson (Eds.), *Beyond Goals*. London: Gower.

Coats, E. J., Janoff-Bulman, R., & Alpert, N. (1996). Approach Versus Avoidance Goals: Differences in Seff-Evaluation and Well-Being. *Personality and Social Psychology Bulletin, 22*(10), 1057-1067.

Cooperrider, D. L., & Whitney, D. D. (2008). *Appreciative inquiry: A positive revolution in change*. CA: Berrett-Koehler Publishers.

De Meuse, K. P., Dai, G., & Lee, R. J. (2009). Evaluating the effectiveness of executive coaching: beyond ROI? *Coaching: An international journal of theory, research and practice, 2*(2), 117-134.

Deci, E. L., & Ryan, R. M. (2000). Self-determination theory and the facilitation of intrinsic motivation, social development, and well-being. *American psychologist, 55*(1), 68.

Diener, R. B. (2010). *Practicing Positive Psychology Coaching*. NJ: John Wiley & Sons.

Erikson, E. H. (1963). *Childhood and Society* (pp. 119-256). NY: Norton & Company.

Forsyth, D. R. (2010). *Groupdynamics*. Singapore: Cengage Learning.

Gallwey, W. T. (1974). *The inner game of tennis: The classic guide to the mental side of peak performance*. NY: Random House.

Gallwey, W. T. (2000). *The Inner Game of Work*. NY: Random House Inc.

Glasser, W. (1961). *Mental health or mental illness? Psychiatry for practical action*. NY: Harper.

Grant, A. M. (2000). Coaching psychology comes of age. *Psychnews, 4*(4), 12-14.

Grant, A. M. (2006). An integrative goal-focused approach to executive coaching. In D. R. Stober & A. M. Grant (Eds.), *Evidence based coaching handbook: Putting best practices to work for your clients*. NJ: John Wiley & Sons.

Grant, A. M. (2011). Developing an agenda for teaching coaching psychology. *International Coaching Psychology Review, 6*(1), 84-99.

Grant, A. M., & Palmer, S. (2002). Coaching psychology. *In workshop and meeting held at the annual conference of the Division of Counselling Psychology, British Psychological Society, Torquay, 18*, 86-98.

Greene, J., & Grant, A. M. (2003). *Solution-focused coaching: Managing people in a complex world*. London: Momentum Press.

Gregory, J. B., Beck, J. W., & Carr, A. E. (2011). Goals, feedback, and self-regulation: Control theory as a natural framework for executive coaching. *Consulting Psychology Journal: Practice and Research, 63*(1), 26-38.

Gregory, J. B., Levy, P. E., & Jeffers, M. (2008). Development of a model of the feedback process within executive coaching. *Consulting Psychology Journal: Practice and Research, 60*(1), 42-56.

Guetzkow, H., & Simon, H. A. (1955). The impact of certain communication nets upon organization and performance in task-oriented groups. *Management Science, 1*, 233-250.

Hackman, J. R., & Wageman, R. (2005). A theory of team coaching. *Academy of Management Review, 30*(2), 269-287.

Hamlin, R. G., Ellinger, A. D., & Beattie, R. S. (2009). Toward a profession of coaching? A definitional examination of 'coaching', 'organization development', and 'human resource development'. *International Journal of Evidence Based Coaching and Mentoring*, 7(1), 13-38.

Haney, J. H., & Leibsohn, J. (2001). *Basic counseling responses in groups: A multimedia learning system for the helping professions.* Singapore: Brooks Cole.

Havighurst, R. J. (1971). *Developmental Tasks and Education*, Third edition. NY: Longman.

Heath, C., & Heath, D. (2010). *Switch: How to Change Things When Change Is Hard.* NY: Random House.

Kampa-Kokesch, S., & Anderson, M. Z. (2001). Executive coaching: A comprehensive review of the literature. *Consulting Psychology Journal: Practice and Research, 53*(4), 205-228.

Kauffman, C. (2010). The last word: how to move from good to great coaching by drawing on the full range of what you know. *Coaching: An International Journal of Theory, Research and Practice, 3*(2), 87-98.

Kauffman, C., & Scoular, A. (2004). Towards a positive psychology of executive coaching. In P. A. Linley & S. Joseph (Eds.), *Positive psychology in practice.* Hoboken, NJ: John Wiley & Sons.

Kets de Vries, M. F. R. (2005). Leadership group coaching in action: The zen of creating high performance teams. *Academy of Management Executive, 19*(5).

Kirkpatrick, D. (1994). *Evaluating Training Programs.: The Four Levels.* CA: Berrett-Koehler Publishers.

Lane, D. A., & Corrie, S. (2009). Does coaching psychology need the concept of formulation. *International Coaching Psychology Review, 4*(2), 195-208.

Law, H., Ireland, S., & Hussain, Z. (2007). *The psychology of coaching, mentoring and learning*. NJ: John Wiley & Sons.

Leonard, T. J. (1998). *The Portable Coach: 28 Sure Fire Strategies For Business And Personal Success*. NY: Simon and Schuster.

Locke, E. A., & Latham, G. P. (1990). *A theory of goal setting & task performance*. NY: Prentice Hall.

Locke, E. A., & Latham, G. P. (2002). Building a practically useful theory of goal setting and task motivation: A 35-year odyssey. *American psychologist, 57*(9), 705.

Maslow, A. H. (1954). *Motivation and Personality*. NY: Harper & Row.

Miller, W. R., & Rollnick, S. (2002). *Motivational interviewing: Preparing people for change*. NY: Guilford Press.

Moore, M., & Tschannen-Moran, B. (2010). *Coaching psychology manual*. NY: Lippincott Williams & Wilkins.

Northcraft, G. B., & Neale, M. A. (1994). *Organizational Behavior: A Management Challenge*. Chicago, IL: Dryden Press.

Nowack, K. M., & Mashihi, S. (2012). Evidence-based answers to 15 questions about leveraging 360-degree feedback. *Consulting Psychology Journal: Practice and Research, 64*(3), 157-182.

Olson, M. H., & Hergenhahn, B. R. (2005). *An introduction to theories of learning* (7th edition). NY: Prentice Hall.

Palmer, S., & Whybrow, A. (2006). The coaching psychology movement and its development within the British Psychological Society. *International Coaching Psychology Review, 1*(1), 5-11.

Palmer, S., & Whybrow, A. (2008a). The art of facilitation putting the psychology into coaching. *Psychologist, 21*(2), 136-139.

Palmer, S., & Whybrow, A. (Eds.). (2008b). *Handbook of coaching psychology*. London: Routledge.

Passmore, J., & Fillery-Travis, A. (2011). A critical review of executive coaching research: a decade of progress and what's to come. *Coaching: An international journal of theory, research and practice, 4*(2), 70-88.

Passmore, J., & Gibbes, C. (2007). The state of executive coaching research: What does the current literature tell us and what's next for coaching research. *International Coaching Psychology Review, 2*(2), 116-128.

Phillips, J. (1996). How much is the training worth? *Training and Development, 50*(4), 20–24.

Prochaska, J. O., & DiClemente, C. C. (1982). Transtheoretical therapy: Toward a more integrative model of change. *Psychotherapy: Theory, Research, and Practice, 19,* 276–288.

Prochaska, J. O., Norcross, J. C., & DiClemente, C. C. (1994). *Changing for Good: a revolutionary six-stage program for overcoming bad habits and moving your life positively forward.* NY: William Morrow and Company.

Quinn, R. E., & Rohrbaugh, J. (1983). A spatial model of effectiveness criteria: Towards a competing values approach to organizational analysis. *Management Science, 29,* 363–377.

Rogers, C. R. (1959). A Theory of Therapy, Personality, and Interpersonal Relationships: As Developed in the Client-centered Framework. In S. Koch (Eds.), *Psychology: The study of a science, 3,* 184–256.

Rosenberg, M. B. (2003). *Nonviolent communication: A language of life: Create your life, your relationships, and your world in harmony with your values.* CA: PuddleDancer Press.

Ross, L. (1977). The intuitive psychologist and his shortcomings: Distortions in the attribution process. *Advances in experimental social psychology, 10,* 173–220.

Schachter, S. (1951). Deviation, rejection, and communication. *Journal of Abnormal and Social Psychology, 46,* 190–207.

Seligman, M. E., & Csikszentmihalyi, M. (2000). *Positive psychology: an introduction. American psychologist, 55*(1), 5–14.

Sheldon, K. M., & Elliot, A. J. (1998). Not All Personal Goals Are Personal: Comparing Autonomous and Controlled Reasons for Goals as Predictors of Effort and Attainment. *Personality and Social Psychology, 24*(5), 546–557.

Sheldon, K. M., Kasser, T., Smith, K., & Share, T. (2002). Personal goals and psychological growth: Testing an intervention to enhance goal attainment and personality integration. *Journal of Personality, 70*(1), 5–31.

Sheldon, K., Frederickson, B., Rathunde, K., Csikszentmihalyi, M., & Haidt, J. (2000). A Positive psychology manifesto. Retrieved October 1, 2002, from http://www.positivepsychology.org/akumalmanifesto.htm

Slater, P. E. (1958). Contrasting correlates of group size. *Sociometry, 21*(2), 129–139.

Spence, G. B., & Oades, L. G. (2011). Coaching with self-determination in mind: Using theory to advance evidence-based coaching practice. *International Journal of Evidence Based Coaching & Mentoring*, *9*(2), 37-55.

Spence, G. B., Cavanagh, M. J., & Grant, A. M. (2006). Duty of care in an unregulated industry: initial findings on the diversity and practices of Australian Coaches. *International Coaching Psychology Review*, *1*(1). The British Psychological Society.

Stelter, R., Nielsen, G., & Wikman, J. M. (2011). Narrative-collaborative group coaching develops social capital—a randomised control trial and further implications of the social impact of the intervention. *Coaching: An International Journal of Theory, Research and Practice*, *4*(2), 123-137.

Stokes, T. F., & Baer, D. M. (1977). An implicit technology of generalization. *Journal of applied behavior analysis*, *10*(2), 349-397.

Thorndike, E. L. (1898). Animal intelligence: An experimental study of the associative processes in animals. *Psychological Monographs: General and Applied*, *2*(4), i-109.

Tuckman, B. W. (1965). Developmental sequence in small groups. *Psychological Bulletin*, *63*, 384-399.

Ward, G. (2008). Towards executive change: A psychodynamic group coaching model for short executive programs. *International Journal of Evidence Based Coaching and Mentoring*, *6*(1, February), 67-78.

Whitmore, J. (2002). *Coaching For Performance: Growing People, Performance and Purpose*. London: National Book Network.

Whitney, D. D., & Trosten-Bloom, A. (2010). *The Power of Appreciative Inquiry: A Practical Guide to Positive Change* (Revised, Expanded). Berrett-Koehler Store.

Williams, P., & Menendez, D. (2007). *Becoming a Professional Life Coach: Lessons from the Institute of Life Coach Training*. NY: Norton & Company.

Wycherley, I. M., & Cox, E. (2008). Factors in the selection and matching of executive coaches in organisations, *Coaching: An International Journal of Theory, Research and Practice*, *1*(1), 39-53.

저자소개

저자 이희경은 현재 피비솔(Psychology-Based SOLutions) 대표이며, 한국코칭심리학회 부회장 겸 교육 및 연수위원장으로 활동하고 있다. 주된 관심사는 '현장에서 통하는' 코칭방법론의 정립과 이를 바탕으로 한 후학의 양성이다.

연세대학교 심리학과를 졸업하고 프랑스 고등사회과학연구원(Ecole des Hautes Etudes en Sciences Sociales)에서 사회심리학 전공으로 박사학위를 취득 하였다. 2001년부터 비즈니스 코치로 활동한 '1세대 코치'로 심리학적 원리의 코칭 적용을 꾸준히 추구하여 현장과 학문의 교량 역할을 하였다. 한국심리학회가 인정하는 코칭심리전문가 자격증을 가지고 있다. 광운대학교에서 코칭심리 전공 겸임교수를 역임 하였고, 현재는 연세대학교 대학원 심리학과에서 코칭심리학을 가르치고 있다.

저서로는 『코칭 입문』이 있고, 『코칭의 다섯 가지 비밀』을 공저 하였다. 공역서로 『리더십코칭 50』, 『코칭심리』 등이 있다

코칭심리 워크북

2014년 3월 20일 1판 1쇄 발행
2021년 9월 25일 1판 3쇄 발행

지은이 • 이 희 경
펴낸이 • 김 진 환

펴낸곳 • (주) 학지사
04031 서울특별시 마포구 양화로 15길 20 마인드월드빌딩 5층
대표전화 • 02) 330-5114 팩스 • 02) 324-2345
등록번호 • 제313-2006-000265호
홈페이지 • http://www.hakjisa.co.kr
페이스북 • https://www.facebook.com/hakjisabook

ISBN 978-89-997-0363-8 93180

정가 **15,000원**

이 도서의 국립중앙도서관 출판시도서목록(CIP)은 서지정보유통지원시스템 홈페이지(http://seoji.nl.go.kr)와 국가자료공동목록시스템(http://www.nl.go.kr/kolisnet)에서 이용하실 수 있습니다.
(CIP제어번호: CIP201406826)